JN045556

老いを楽しむ心理学

内藤誼人

ワニブックス

まえがき

本書は、何歳になってもイキイキと生きていくためのコツを紹介するものです。

とはいえ、何か難しい話をしようというものではありません。また、ものすごく大変な努力を必要とするような話もしません。

だれでも**ほんのちょっと考え方を変えるだけ**で、毎日を愉快で、楽しく、イキイキと生きていくことができますので、そのためのヒントをお話ししていこうと思っています。堅苦しい内容の本ではありませんので、どうぞ気楽に読み進めていただければ幸いです。

まず、読者のみなさんにお聞きしたいと思います。

みなさんにとって、「**よい歳のとり方**」とは、どういう状態を指すのでしょうか？

○病気がないこと

○身体が自由に動くこと

○記憶力が低下しないこと
○ボケないこと

などでしょうか。もしそんな風に思っているのなら、その考えは誤りですので、今すぐに改めてください。

米国カリフォルニア州にある研究機関ヒューマン・ポピュレーション・ラボラトリーのウィリアム・ストローブリッジは、65〜99歳の867名に、持病がないことや認知症にならないことなど客観的な基準で「よい歳のとり方」を判断してもらうと、**わずか18・8%しか「自分はよい歳のとり方をしていない」と回答**しました。

一方、主観的な基準で「よい歳のとり方をしているとご自身で思いますか？」と質問すると、**50%の人たちは「自分はよい歳のとり方をしていると思う」と答えた**のです。

結局、**本人がどう思うかが重要**なのです。

自分が、「私って、いい人生を送っているよな」と思っていれば、本当にハッピーな生き方ができるのです。

同じような研究は、米国カリフォルニア大学サンディエゴ校のローリー・モントロスも報告しています。

モントロスが60歳以上の205名に、身体に痛みがないことや持病がないことなどの基準ではなく、「あなた自身はよい歳のとり方をしていると思いますか?」と聞いてみると、なんと**92%は「自分はよい歳のとり方をしている」と答えた**のです。

客観的に見れば、ヒザの関節炎に悩まされていたとしても、血圧や中性脂肪の数値が少しくらい高くとも、それでも本人が**「私は生きているだけで幸せ者」**と思っていれば、幸せな生き方ができるのです。

お年寄りになったら、だれでも不幸になってしまうのでしょうか?

いいえ、そんなことは絶対にありません。

本書をお読みくだされば、**素敵な歳のとり方のコツ**を学ぶことができると思います。どうぞ最後までよろしくお付き合いください。

目次

第2章 サクセスフル・エイジングの心理テクニックを学ぶ

第3章 幸せな老後を過ごす考え方のヒント

第5章　ネガティブ思考を吹き飛ばす心理術

第6章　100歳超までもっと楽しく毎日を過ごすヒント

第1章

加齢についての誤った思い込みをなくす

歳をとることをネガティブに考えない

歳をとることはイヤですか？

たいていの人は、「もちろんイヤなことだ」と考えているのではないでしょうか。

かつてはお年寄りというと、落ち着き、賢さ、知恵といったポジティブなイメージを持たれていましたが、今では単なる厄介者のようなイメージが持たれています。

米国イェール大学のルーベン・ネグは、コンピュータ上に集積されたデータベースから、1810〜2009年の間で「お年寄り」がどのように形容されているのかを調べてみました。

その結果、**1810〜1880年までは「お年寄り」はポジティブに語られることが多かったのに、1890年以降は右肩上がりでネガティブな形容が増えている**ことがわかりました。

ここ100年ほどの間で、お年寄りのイメージは「ポジティブ」なものから、「ネガティブ」なものへとすっかり変わってしまったのです。

「お年寄りは、耄碌《もうろく》するもの」
「お年寄りは、自分では何もできない」
「お年寄りは、同じ話を何度もする」

もし読者のみなさんもそのような「お年寄りイメージ」を持っているなら、今すぐに改めましょう。なぜなら、「耄碌する」「自分では何もできない」「同じ話を何度もする」というイメージを持っていると、**「自己暗示」**の効果が働いて、本当にそのような歳のとり方をしてしまうからです。

「歳をとると、物忘れがひどくなるんだよ」

そんな風に思っていると、本当に物忘れがひどくなりますよ、というデータもあります。

米国イェール大学のベッカ・レヴィは、平均68・54歳の52名を、10年間にわたって調べました。

レヴィは調査開始の1年目に、加齢にどれくらいネガティブな思い込みを持っているのかを聞きました。「お年寄りは記憶力が落ちると思うか？」などと聞いておいたのです。

それから毎年、核磁気共鳴画像法（ＭＲＩ）という脳を調べる装置で、記憶を司る「海《かい》馬《ば》」の体積を調べると、**「お年寄りは記憶力が落ちる」と思っている人ほど、海馬の体積が減少していくことがわかった**のです。

ネガティブな思い込みをしていると、本当にその通りになってしまいます。逆にポジティブな思い込みをしていると、やはりその通りになっていきます。

まずは「歳をとるのはイヤなこと」という思い込みはやめましょう。歳をとるのは、実際にそんなに悪いことでもありませんから。

お年寄り神話を信じない

お年寄りに関しては、誤った神話が普及しています。「お年寄りは身体が動かない」とか「お年寄りは新しいことを覚えない」といったイメージです。

さらに、「お年寄りはコンピュータに弱い」というものがあります。

これも神話にすぎません。お年寄りだって、覚えようとすればコンピュータを操作できるようになります。コンピュータはとても便利ですので、高齢者でも遠く離れた人ともやりとりできるようになりますし、調べたいことは簡単に調べられるようになります。

「お年寄りはコンピュータに弱い」ということは単なる神話にすぎませんが、それを信じてしまうと、本当にコンピュータが使えなくなります。

ドイツにあるフンボルト大学のハルトムート・ワンケは、**「お年寄りはコンピュータなど役に立たないと思っている」**とか**「お年寄りは操作を覚えられない」**といった神話を信

じている人ほど、本当にコンピュータの操作を覚えることができないという報告を行っています。自己暗示によって、覚えられなくなってしまうのです。

脳の萎縮であるとか、加齢に伴う記憶力の低下はたしかにあるのかもしれません。しかし、それ以上に重要なのは、**おかしな神話を信じることで、自己暗示にかかってしまう**ことです。

「私はもういい年齢だし、新しいテクノロジーなんて身につけられない」と思っていると、本当に身につけられなくなるのです。実際にはそんなことはありません。

年齢にかかわらず、何にでも興味や関心を持ちましょう。

そうすれば、だれでも最新のテクノロジーを使いこなせるようになります。

最近では、お年寄り向けのパソコン教室のコースなどもありますので、そういうところに出向いてみるのもいいでしょう。あるいはスマートフォンでもかまいません。お年寄り向けのスマホ教室に少しだけ通えば、だれでも操作を覚えることができるでしょう。

インターネットができるようになると、遠く離れた子どもや孫ともやりとりができるよ

うになりますし、そういうやりとりができるようになると、楽しい人生を歩むことができます。

くり返しますが、「お年寄りは新しいテクノロジーを身につけられない」というのは、まったく何の根拠もない神話であり、都市伝説にすぎません。本人がそんな風に思っていなければ、何歳になろうが新しいテクノロジーを使いこなすことはできます。

ネガティブな感情は、歳とともに減る

「お年寄りは不満を口にする人が多い」というイメージを持っているのだとしたら、事実は違うということを知っておきましょう。

お年寄りというと、何にでも不満を感じて、ぶつぶつ文句ばかり言っているイメージがあるかもしれませんが、事実はまったく反対です。

私たちは**歳とともに、どんどん落ち着いていくもの**です。

なかには、歳とともに愚痴や不満を吐き出すような人もいますが、それはあくまでごく一部の例外的な人です。大半のお年寄りは、とても穏やかで、落ち着いた人になるという年齢的な変化があることがわかっています。

米国スタンフォード大学のローラ・カーステンセンは、幅広い年齢層の184名にポケベルを渡し、1日に5回、ランダムなタイミングで音を鳴らしました。実験参加者は、音

が鳴ったら、そのときの自分の感情の記録をつけるのです。「嬉しい」のか、「楽しい」のか、「悲しい」のか、といった具合に。

なお1日5回ランダムに音が鳴るといっても、さすがに深夜には鳴りません。午前9時から午後9時までのどこかのタイミングで5回です。また、感情の記録は1週間つけてもらいました。

そのデータを分析してみると、面白いことがわかりました。

一般的にネガティブな印象である、**怒り、不満、悲しみ、嫌悪といった感情は、歳をとるほど「減る」傾向があった**のです。カーステンセンによると、**60歳くらいまではネガティブ感情がどんどん減っていき、そこで底をついて横ばいになるような曲線が描かれる**といいます。

「お年寄りは、愚痴や不満が多い」どころか、歳を重ねるほど不満を感じにくくなります。不平不満を感じやすいのは、若い人のほうが多いのです。

「あの上司、いつかぶん殴ってやるからな」

「たいして高いものも買わないくせに、偉そうにする客だな」

「なんでこんなに電車が混んでるんだよ」

イライラしたり、不満を抱えて生活しているのは、高齢者よりも、歳が若い人ほど多く見られる傾向があります。お年寄りは、少々のことでは動じませんから、いちいち不満を感じたり、腹を立てたりもしないのです。

「どうして私はこんなにネガティブなんだろう？」と、心を痛めている中高年層もたくさんいると思うのですが、安心してください。そのうち、ネガティブな傾向は抑制されていきますから。

だれでも年齢的な心理変化をするのだということを知っておくと、「歳をとるのもそんなに悪くないな」と思えるのではないでしょうか。

人間は、どんどん変わるのです。

しかも、たいていの場合は、**「ネガティブな人間からポジティブな人間へ」と好ましい変化が起きる**のです。

年配者は悲観的ではない

「お年寄りほど悲観的だ」と思っているのだとしたら、それも誤りです。実は、お年寄りは明るくて、楽観的。ネガティブ思考をするのは若者であって、年配者ではありません。「逆なのでは!?」と思うかもしれませんが、そうではないのです。

米国シカゴにあるデポール大学のジョセフ・マイケルスは、32名の年配者（平均73・33歳）のグループと、32名の若者（平均20・91歳）のグループにわけました。そして、2つのグループに対して、「友人の結婚式でスピーチを始めたところ、参列者がクスクスと笑いました」という文章を見せて、その後につづくストーリーを自由に考えてもらう調査を実施しました。

その内容について何人かの判定者が9点満点でネガティブな結果になっているかどうかの得点をつけたところ、次ページのグラフ（**図1**）のようになりました。

【図１】お年寄りと若者、どちらがネガティブに反応するか

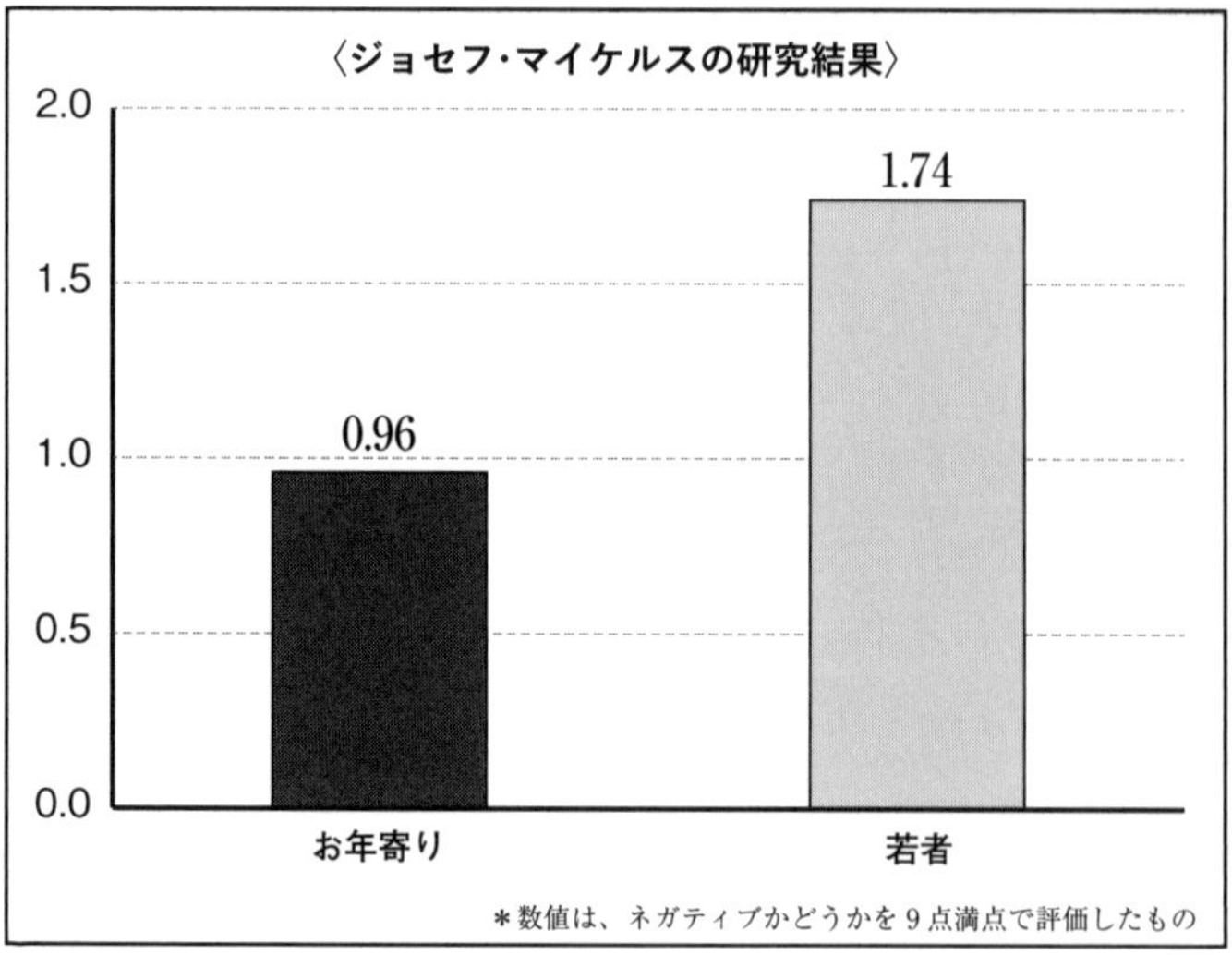

＊数値は、ネガティブかどうかを９点満点で評価したもの

「さんざんなスピーチだったので、自殺したくなるほどだった」

「あまりにも恥ずかしくて、穴があったら入りたい」

「もう二度とスピーチなんてしないと決めた」

このように、ネガティブなストーリーを考えてしまうのは、お年寄りではなく、若者のほうが多い傾向が見られました。

実は私たちが考えるほど、「お年寄りは悲観的」ではないのかもしれません。だから、歳をとることも、それほど悲観的に心配したり不安がったりしなくてもいいのです。

感情のコントロールがうまくなる

若い人は、衝動的に行動しがちです。自分の感情をうまく制御できないのです。気に入らないことがあると、すぐに手を出してしまいますし、欲しいものがあると、すぐに買ってしまいます。お金の余裕がないのに、ついカードを利用して買ってしまい、後で後悔することが多いのです。

その点、お年寄りは違います。

歳を重ねるとともに、感情のコントロールも上手になります。

若者に比べると、欲求が弱くなるので、自分の感情にも振り回されにくくなるのです。好みのタイプの異性を見かけたとき、若者は衝動的な欲求を抑えることができず、抱きついてしまったり、胸を触ってしまったり、痴漢行為をしてしまうことがあります。自分の行為が犯罪だということは認識しているのでしょうが、**理性よりも衝動のほうが強いの**

で、どうにもなりません。

お年寄りだって、若い女性を見たら、「きれいな人だなあ」という気持ちにはなるでしょうが、だからといって痴漢行為はしません。

おいしそうなケーキを見ると、若者はどうしても食べたくなります。ダイエットしているのなら、なおさらです。おいしいスイーツはカロリーが高いので、スリムな体型を維持したいのなら食べてはいけないということをよく理解していても、たいていの場合は欲求に負けてしまいます。

お年寄りは、食べ物に対する欲求もうまくコントロールできます。そもそも食が細くなっているので食欲を感じにくいということもあるでしょうが、「食べたくてどうにもならない」ということにはならないのです。

米国スタンフォード大学のジェームズ・グロスは、127名の調査対象者に、「あなたはどれくらい自分の感情をうまくコントロールできますか?」と尋ねてみたのですが、19

～56歳のグループよりも、**58～96歳のグループのほうが、「私はうまく感情コントロールができる」**という答えが多いことを明らかにしました。

歳をとってくると、自分の感情に振り回されにくくなります。

自分の感情を持て余すこともなく、自分で自分のことをうまくコントロールできるようになるのです。

若者は、感情の奴隷になりやすく、「本当はしたくないのに、どうしても我慢できない」と感じることが多いのですが、高齢者になるとそういうことはあまり起きません。

仏教の教えでは、心の平穏を保つためには、なるべく欲求（煩悩）を感じないようにするのが理想とされていますが、お年寄りになるとそれほど苦労もせず、欲求を感じなくなるのです。考えてみると、これはとても素晴らしいことですよね。

何歳になっても元気だと信じる

人間はいくつになっても枯れることはありません。枯れてしまうのだとしたら、それは自分がそう思っているからです。「私はいくつになっても元気だ」と強く信じていれば、何歳になっても元気なままでいられます。

登山家の三浦雄一郎さんは、80歳のときに3度目のエベレスト登頂に成功しています。三浦さんほど元気いっぱいの高齢者はそんなにはいないと思いますが、本人がいくつになろうが、「生涯現役だ」と思っていればいくつになっても枯れることはありません。

「高齢になるとエネルギーも元気も出なくなる」ではなくて、**「高齢になればなるほど、エネルギッシュになれる」**とウソでもいいから信じるようにしましょう。

「ウソから出たまこと」という言葉もあります。何の根拠がなくとも、「歳をとるほど元気になれる」と考えるようにしましょう。そうすれば、身体機能もアップして、本当に元気が出てくるでしょう。

米国ハーバード・メディカル・スクールのジェフリー・ハウスドーフは、63～82歳の47名に、「歳をとるほど元気になれる」とか「人間のエネルギーは歳をとっても枯れない」と考えてもらいました。自分で自分にそういう暗示をかけてもらったのです。

そういう暗示をかける前後で、歩行速度を計測してみると、**加齢についてポジティブな暗示をかけた後では、歩行速度が早くなる**ことがわかりました。

「歳をとっても元気」だと思っていれば、実際に身体機能もアップして、颯爽《さっそう》と歩くことができるのです。

実際のところ、ある程度の年齢になってくると、だれでも歩くスピードは落ちるものです。しかし、それは本人の思い込みが影響している可能性があります。

「私はもう歳だから……」と思っているから歩くスピードも落ちてしまっているだけなのではないでしょうか。もし、おかしな思い込みをしていなければ、いくつになっても元気に歩き回れるのではないでしょうか。

元気な高齢者はいくらでもいます。

おそらく、「歳をとっても元気」と信じているのでしょう。そう信じているので元気でいられるのです。

「歳をとると精力を失うものだ」などとは、間違っても考えてはいけません。そう思うから、人は精力を失っていくのです。

まだ30代だというのに、「私は老けた」などと思っていると、少し歩いただけでも疲れを感じるようになりますから、おかしな自己暗示は絶対に避けるようにしたいですね。

若い人でも、自分におかしな暗示をかけているとどんどん老けてしまいますよ。

認知症になりやすい遺伝子を持っていても大丈夫

認知症のリスクを高めるとされている遺伝子に「アポリポ蛋白E遺伝子」というものがあります。

もし遺伝子検査などをして、「あなたには、アポリポ蛋白E遺伝子があります」と言われるとガッカリしてしまうかもしれませんが、心配はいりません。なぜなら、たとえその遺伝子を持っていても、必ず発症するとは限らないからです。

肥満になりやすい遺伝子を持っているから肥満になってしまうのかというと、そんなこともありません。ガンを発症しやすい遺伝子を持っていても、ガンにならない人はいくらでもいます。認知症も同じです。

米国イェール大学のベッカ・レヴィは、認知症のリスクを高めるアポリポ蛋白E遺伝子を持っている60歳以上の健常者4765名についての研究を行っています。

レヴィは、加齢に対してポジティブな信念を持っている人と、ネガティブな信念を持っている人を比較してみたところ、アポリポ蛋白E遺伝子を持っていても、「お年寄りでも元気」といったポジティブな信念を持っている人は、**認知症になる割合を49・8%も減らせる**という結果を報告しています。

歳をとることに対して、ネガティブな思い込みをするのはやめましょう。

「歳をとるとボケやすい」と思い込んでいるから、本当にボケてしまうのです。そのような思い込みをしなければ、ボケることはありません。

リスクを高める遺伝子を持っているからといって、絶対にその遺伝子が発症するのかというと、そんなことはないのです。加齢に対してポジティブな信念を持つようにしていれば、そういう遺伝子があっても大丈夫です。

思い込みによる自己暗示効果はとても強いのです。

おかしな暗示を自分にかけていると、本当に病気になってしまったり、死んでしまったりするので、気をつけましょう。

思い込みで人は死ぬ

心理学用語の一つに「**バスカヴィル家の犬効果**」と呼ばれるものがあります。

シャーロック・ホームズシリーズの『バスカヴィル家の犬』に由来するもので、簡単に言うと、「私は死ぬ」と思っていると、本当に死んでしまうという現象です。

たとえば、だれかに呪われたと信じ込むと、本当に死んでしまうことがあるのです。

ブードゥー教では、呪いの人形で気に入らない人物を呪い殺すことができると信じられており、呪いをかけられた人は本当に死んでしまうこともあるというのですから、ちょっと怖いですよね。

呪い自体は、まったく非科学的ですが、自分が呪われたことを知った人が、**自己暗示によって死んでしまう**、ということは実際にあるのだろうと思われます。自己暗示の効果は相当に大きいですから。

おかしな思い込みで人が死んでしまうことを実証する研究もあります。

米国カリフォルニア大学サンディエゴ校のデビッド・フィリップスは、日本人と中国人は、**「4」という数字を不吉なものとして考えている**ことに興味を持ちました。

もし日本人と中国人がそういう思い込みをしているのなら、日本人と中国人は、「4」という数字がつく日、つまり、**4日、14日、24日に死ぬことが多いのではないか、**とフィリップスは仮説を立ててみたのです。

この仮説を検証するため、フィリップスは1973年1月1日から1998年12月31日までの、日本人と中国人の死亡統計（約20万人分）と、白人（約4700万人分）のそれを比較してみました。

するとフィリップスの仮説通り、日本人と中国人は、その月の**「4」のつく数字のときに心臓病関連の病気で死んでいる**ことがわかりました。特に心不全での死亡は、4のつく日には、それ以外の日に比べて13％も増加していました。4がつく日を不吉なものだと考えることのない欧米系の人には、もちろんそんな傾向は見られませんでした。

思い込みで、人の心臓は本当に止まってしまうのです。

というわけで、できるだけおかしな思い込みはしないほうがよいのです。

キング・オブ・ロックンロールと称されたエルヴィス・プレスリーは、母親が42歳で早死にしてしまったことをずっと気にしていて、「私も同じように死ぬ」と怯《おび》えつづけていたそうです。

そのような自己暗示をかけつづけていたからでしょうか。

プレスリーは42歳のときに心臓発作で突然死してしまいました。年齢も死因も母親と同じでした。

おかしな思い込みは、本当にやめましょう。**自分で自分の寿命を縮めてしまうだけ**ですから。

家事や日常作業で健康になる秘訣

毎日、どんな作業をするにしても、**「これは、健康によい！」と思い込みながら作業をするといい**ですよ。

庭の草むしりでも、部屋の掃除でも、犬の散歩でも、何でもです。

本人がそう**思い込みながら作業をしていると、本当に健康になっていきます。**

米国ハーバード大学のアリア・クラムは、84名のホテルで働く従業員を対象に、44名には次のような話をしました。

「みなさんのやっている清掃業務は、とてもよい運動になっていて、医者のすすめるアクティブ・ライフスタイルとしても十分に満足のいくものなのです」

残りの40名にはこの話はしませんでした。

それから4週間後、すべての従業員を対象に血圧を測定してみると、「清掃業務は健康

【図２】「清掃業務は健康によい」と伝えたところ……

〈アリア・クラムの研究結果〉

実験前

最高血圧	最低血圧
129.55（128.77）	79.55（77.80）

清掃業務を4週間つづけた

実験後

最高血圧	最低血圧
111.9（127.27）	74.88（75.03）

※（　）内の数値は、コントロール条件下でのもの

によい」という思い込みを持たされたグループでは、実験前には最高血圧が１２９・55、最低血圧が79・55だったのですが、４週間後には１１１・９と74・88と下がりました。比較のためのコントロール条件では実験前は１２８・77と77・80で、４週間後は１２７・27と75・03でほとんど変化はありません（**図２**）。

また「**清掃は健康によい」と教えられたグループの従業員は、体重も減り、ウエストも細くなりました。**

まったく同じ業務をしていても、「私の仕事は健康によいのだ」と思いながら取り組んだら、本当に健康になってしまったのです。

思い込みの効果というのはまことに驚くべき力を持っているといえます。

料理や洗濯など日常生活で何かをするのなら、**「健康によさそう」**と思いながら試してみてはどうでしょうか。本人が「健康によい」と思いながらつづけると、何でも効果が現れやすくなる傾向がありますよ。

まったく効能などない、砂糖やでんぷんを丸めて固めただけのインチキな薬でも、本人が「効く」と思いながら服用すると、薬効が見られてしまうという現象があります。これを**「プラシボ効果」**と呼ぶのですが、日常の作業についても同じようなプラシボ効果が見られるといってよいのかもしれません。

自宅の1階から2階にただ移動するだけでさえ、「階段を使っているのだから、心肺機能を鍛えるトレーニングになっているはず！」と思い込めば、本当に心肺機能を鍛えることができるかもしれません。

実年齢より主観的な年齢が重要

自分が今年何歳になったのかを意識する必要はありません。

誕生日を迎えるたびに、「あぁ、もう○歳になってしまったのか……」とため息をついてはいけません。**実年齢は気にしなくてよい**のです。

それよりも**大切なのは、主観的な年齢です**。

かりに70歳になっても、「私は50歳くらい」と思っていると、ポジティブな自己暗示の効果が発揮され、肌も若々しいままでいられますし、本当に50代の心肺機能を維持することができます。

ドイツにあるマックス・プランク研究所のダナ・コッター＝グルーンは、70～100歳の439名の高齢者に、「あなたは自分が何歳くらいだと思いますか？」と主観的な年齢を聞いてみました（主観的な年齢は0～120歳の間で答えてもらいました）。

その結果、自分の実年齢よりも、**ずっと若い年齢を答えた人ほど、その後16年間の追跡調査で亡くなりにくい**ことがわかりました。つまり、**本人が「若い」と思っている人ほど長生きができた**のです。

自分の主観的な精神年齢は、思いっきり若いと信じていたほうがいいですよ。

だれに迷惑をかけるわけでもないのですから、2、3歳ほど若いと感じるのではなく、それこそ5歳も10歳も若いと感じるようにしましょう。

「私はもうすぐ還暦だが、主観的な精神年齢は20歳」というように、40歳も若いと感じるようにするのもいいですね。

私たちの**身体は、心の持ちようによって変わります**。

本人が若いと思っていれば、いつまでも若々しいままでいられるのです。かくいう私は、もうすぐ50歳になりますが、主観的な年齢は35歳くらいだと信じるようにしています。そのためでしょうか、心身ともに健康ですし、元気いっぱいで精力的に仕事をすることができています。

だれかに年齢を聞かれたとき、年齢でサバを読もうとすると「ウソつき」になってしまいますが、本人が勝手に若いと思い込んでいるだけなら、ウソつきにもなりません。ですので、自分自身については思いきり若い年齢であるかのように思い込むようにしてください。

ここで一つポイントをお伝えします。

「もっと若くなりたいなあ」という願望で考えないようにしましょう。なぜなら、「若くなりたい」という願望は、「今は若くない、老けている」と脳が認識してしまうからです。

つまり、願望ではなく、「私は若い」という思い込みを持つことが重要です。

実際に自分が何歳になるのかなど、考えなくてかまいません。

実年齢よりも主観的な精神年齢のほうがはるかに大切ですので、とにかく「私は若い」と内面の心で感じることがポイントです。

「若い」と信じると長生きできる

「日本の資本主義の父」と称されている渋沢栄一さんの言葉に、「40歳、50歳は、はなたれ小僧」というものがあります。私の好きな言葉でもあります。

政財界では70歳以上の人が現役でごろごろしていますので、40歳や50歳では若すぎるのです。

何歳になっても、「私はまだまだ、はなたれ小僧」と思っていたほうがいいですね。そうすれば、気持ちも若くいられますから。

若いと思っていると、長生きもできます。

フィンランドにあるユヴァスキュラ大学のヴァーピ・ウオティィネンは、65～84歳の395名の男性と、770名の女性を13年後まで追跡調査したことがあります。

ウオティィネンは、実年齢に比べて、「若いと感じるグループ」「実年齢と同じくらいだと

【図３】実年齢より「若い」と感じている人のほうが長生きしている

〈ヴァーピ・ウオティィネンの研究結果〉

13年後の追跡調査に基づく、平均死亡人数

	男性	女性
実年齢よりも「若い」と感じるグループ	59名	36名
実年齢と「同じくらい」と感じるグループ	65名	54名
実年齢よりも「老けている」と感じるグループ	99名	81名

感じるグループ」「実年齢よりも老けていると感じるグループ」の３つにわけ、年間当たりの死亡人数を調べてみました（**図３**）。

まず男性に関しての結果をお話ししましょう。

男性の年間の平均死亡人数は、「年齢よりも老けている」と感じるグループでは99名、「実年齢と同じくらい」と感じるグループでは65名、「実年齢よりも若い」と感じるグループでは59名という結果になりました。

次に女性に関しての結果は、「実年齢よりも老けている」と答えたグループでは、年間死亡人数は81名、「実年齢と同じくらい」と感じるグループでは54名、「実年齢よりも若い」と感じるグループでは36名という結果になりました。

男女とも、若いと思っているグループのほうが長生きするということがわかります。老けていると感じるグループ

より、若いと感じるグループのほうが、年間の死亡人数が半分くらいになるのです。

くり返しになりますが、大事ですので何度もお伝えします。

「実年齢を気にする必要はありません。そんなのはどうでもいいのです」

大切なのは、あくまでも**主観的な精神年齢**です。

何歳になろうが、私はまだまだ「はなたれ小僧」だと思っていたほうがいいですよ。そのほうが身体の調子もよくなりますし、結果として長生きもできますから。

「若い」と思うと筋力もアップ

テレビを観ていると、ゲストタレントの肌年齢や脳年齢、内臓の老化具合などを検証する番組が放送されることがあります。

20代に見える若いタレントが、「あなたの肌年齢はもう40歳ですよ」と言われて、悲鳴を上げている姿を見るとかわいそうになってしまいますが、悪い結果についてはできるだけ知らないほうがよいでしょう。

「実年齢よりも老けている」ということに気づかされると、気分がしょんぼりしてしまいますから。

ウソでもいいので、**「私は実際よりも若い」と信じる**ようにしてください。

だれでもいいので、実年齢よりも若いという診断結果だけを教えてくれるアプリを作ってくれないものでしょうか。

「若い」と思うと、筋力もアップします。

【図４】「まだまだ若い」と伝えて、握力測定をしたところ……

〈ヤニック・ステファンの研究結果〉

	「まだまだ若いと告げられた」	「コントロール条件」
1回目	24.98kg	24.21kg
2回目	26.02kg	23.53kg

２回目のほうが握力アップした!!

面白い研究を一つご紹介しましょう。

フランスにあるグルノーブル・アルプ大学のヤニック・ステファンは、平均74・43歳の49名に、ハンドグリップで握力を測定してもらいました。

それからグループを半分にわけ、半分の人には、「あなたの握力は、同じ年齢の人よりもずっと上ですよ、まだまだ若いですね」とインチキな結果を教え、残りの半分の人には何も伝えませんでした。

それからもう一度2回目の握力を測定すると、上のような結果になったそうです（**図４**）。

「年の割にずっと若い」と告げられると、2回目の測定では筋力がアップしていることがわかりますね。通常のケースですと、2回目の測定のほうが、1回目の疲労もありますし、握力の数値は下がるものなのですが、むしろ1回目

よりもアップしています。

本人が若いと思っていれば、筋力も落ちません。

筋力が落ちてしまうのは、「私ももういい歳のおじさんだから」とか「私はもう初老だから」と思い込んでしまっているからです。

人間は自分で若いと思っていれば、身体もある程度若いままでいられるのです。

エイジングの知識を正しく学ぶ

これまで、お年寄りに関しての多くの誤った思い込みについて紹介してきました。「へぇ、それは知らなかった！」という知識がたくさんあったのではないでしょうか。

正しい知識を身につけようと意識すると、歳をとることもそんなに悪くないな、と思えるようになるはずです。

米国ニュージャージー州にあるスティーブンス工科大学のアシュリー・リトルは、354名の大学生を2つにわけ、片方のグループにはエイジングに関する正誤問題を解いてもらいました。たとえば、「年配者のほうが若者よりも抑うつになる人が多いわけではない」という問題です。もちろん、正解も教えました。残りのグループには、エイジングとはまったく無関係の正誤問題を解いてもらいました。

それから1週間後、お年寄りについての印象を尋ねてみると、エイジングに関して正しい知識を得た学生たちは、歳をとることをポジティブに受け止めることができるようになっていました。比較のためのコントロール条件では、お年寄りについてネガティブなままでした。

正しい知識を得ると、歳をとることもそんなに悪くないな、いやむしろよいことだな、と思えるようになるのです。

「知は力なり」という言葉もありますが、正しい知識を得れば、加齢をむやみに恐れることもなくなります。正しい知識を得ることは、とても大切なことなのですね。

他の病気についても同じです。

もし何かの病気になったときには、インチキな知識を得るのではなく、正しい知識を求めるべきです。正しい知識を得れば、「なんだ、死亡率はそんなに高くないのか」とか「ふぅーん、自然に寛解することもあるのか」ということがわかるので、不安や恐怖を吹き飛ばすことができます。

地震や津波もそうです。

自然災害はとてつもない被害をもたらすので、だれにとっても怖いものだとは思いますが、正しい知識を得て、「こうすれば防災ができる」というやり方を知っておくと、それだけで安心できるものです。

勉強があまり好きではない人も、正しい知識を得るためにはどんどん本を読んだほうがいいですね。

本書を最後までお読みくだされば、歳をとることについての知識が相当に増えると思いますので、むやみに「老い」を恐れなくなるでしょうし、むしろ老いをポジティブに受け入れることができるようになるでしょう。どうぞ安心して、このまま最後まで読み進めてください。

第2章

サクセスフル・エイジングの心理テクニックを学ぶ

若い恰好をしてみる

「自分は若い」と思い込みたいのに、なかなかできない人がいるかもしれません。そういう人は、**自分の「内面」を変えようとするより、まず「見た目」の外見を変える**ことから始めてみましょう。

洋服を購入するときには、できるだけ**実年齢より若い人が着るような服装を真似る**といいでしょう。もしくは、**明るい色やカラフルなアイテムを取り入れるのもいい**と思います。若い恰好や明るいアイテムを身につけると、心理的にも「私はまだ若い」「明るくてウキウキする」「外出するのが楽しい」と思い込みやすくなりますからね。

だいたい歳をとってくると、たいていの人は地味な恰好をするようになります。明らかに「お年寄り」という感じの服装をしていたら、本当に歳をとった外見になりますし、気持ちも「お年寄り」になります。外出や人と会うのも億劫《おっくう》になり、家に閉じこもるようになります。気持ちも暗くなりがちです。

ですので、ファッション誌を読んだり、ショップに出向いて、10歳ほど若い人が着る服を店員に見繕ってもらうのもいいでしょう。若い服装をしていたほうが、心理的にも若々しくいられます。

トータルで若い恰好をするのが恥ずかしければ、ネクタイやシャツ、あるいはバッグだけでも、明るいアイテムを選んでみるのもいいですね。「私の年齢だと派手かな……」と思うくらいでちょうどいいかもしれません。

見た目を変えると、気持ちも変わります。

服装を変えることに抵抗がある方は、部屋のインテリアを少し変えてみることから始めるのもおすすめです。キッチンに小さな花を飾る、カーテンの色を明るいものにしてみる、カラフルなアートを置いてみるなど、気持ちが若々しく、明るくなると思いますよ。

米国ハーバード大学のエレン・ランガーは、70～80代の実験参加者を、ニューイングランドの人里離れた場所にあるホテルにつれていきました。そのホテルは改装されていて、目に入るものすべての装飾が20年前のものでした。そのホテルで、参加者は、**若いときの服装をして、若いときのライフスタイルで1週間の生活を送った**のです。

するとどうでしょう。同年代の比較のためのコントロール条件に比べ、**20年前の気分で生活した人たちは、関節の柔軟性が高まり、手足がよく動くようになり、頭の回転も速くなり、足取りもしっかりして、姿勢もよくなった**のです。

さらに、20年前のライフスタイルで1週間を過ごした参加者の写真を撮らせてもらい、第三者に見せて評価を求めたところ、コントロール条件のお年寄りに比べて、「はるかに若い」と評価されたのです。

若いときのライフスタイルをそのまま継続しましょう。

歳をとったからといって、実年齢にふさわしい服などを身につけなくてもよいのです。若いときの恰好をつづけていれば、心理的にも老け込まずにすみます。お年寄りのような恰好をしているから老け込んでしまうのであって、若いときの服装をしていれば、いつまでも若くいられるものです。

メイクは手を抜かない

見た目はいつでも若く見えるようにしておきたいものです。

オバサンになってくると、お化粧もせずに「すっぴん」のままで生活しようとする女性もおりますが、これはあまりよくありません。

お化粧をして、見た目が若くなると、自分自身でも**「私も、まだまだ魅力的」**という気持ちになれますが、お化粧をしていないと、一気に老けたように感じてしまうからです。

そして、見た目が老けてくると、心理的にも悪影響を及ぼしてしまいます。

イギリスにあるユニリーバＲ＆ＤのデビッドＧ・ガンは、２００１年に、70歳以上の３７４名にお願いして写真を撮らせてもらいました。それを10名の看護師に見せて、「この人は、いくつに見えますか？」と聞いておいたのです。

その後、２０１３年末までの生存率を調査してみたところ、**実年齢よりも老けて見える**

人ほど、亡くなっていることがわかりました。

「見た目が若く見られる」ことは大切です。

他人に若く見られると、自分自身でも、「私はまだ若い」と思い込むことができるからです。老けて見えると、鏡に映る自分を目にするたび、気分が落ち込むことになります。

服装はできるだけ若く見えるようにしたほうがよいわけですが、服装にかぎらず、髪型もそうですし、お化粧もそうです。

男性でも若く見えるお化粧はしたほうがいいと思いますね。

最近では、男性向けのメイク商品もたくさん発売されていますので、そういうものを使って、肌ツヤがよく見えるようにしましょう。

「男性なのにメイクをするのは、いかがなものか……」という抵抗感がある人もいるでしょうが、男性が化粧をしてもおかしくはありません。実際、若い男性はそうしています。

私が大学で教えている男子学生も、ファンデーションを塗ったり、化粧をしたりしている人は少なからずいます。私自身も、雑誌の取材を受けるときには写真撮影があったりしますので、薄くファンデーションを塗って、顔のシミやそばかすを目立たないようにしています。

1歳でも、2歳でも、若く見えることはとても素晴らしいことです。

「えっ、◯◯さんって、◯歳なんですか⁉」と他の人に驚いてもらえるくらいに若く見られるよう心がけてみましょう。

できれば5歳、いえ、頑張って10歳は若く見えるようにしたいですね。

外見的に若く見られるようになると、心理的にも若くいられますし、身体の免疫機能も活性化して、寿命も延びる傾向にあります。

最低でも月に一度は散髪して、服装などもできるだけ若く見えるものや明るいものを選ぶようにしましょう。女性に限らず男性も、メイク術を学ぶべきですし、若く見える努力はどんどんしたほうがいいと思います。

信心深い人になる

特定の宗教に入信する必要はまったくありませんが、**「神さまがどこかにいて、自分を見守ってくれている」と信じることはよい**ことです。

米国ミシガン大学のニール・クラウスは、1247名の高齢者（平均74・4歳）に対して、どれくらい信心深いのかを教えてもらう一方、いくつかの心理テストにも答えてもらいました。すると、**信心深ければ深いほど、人生満足度も高く、自尊心も高く、楽観主義的である**ことがわかりました。

「やっぱり神さまっているんだよ」と思うことが大切です。**信心深い人ほど、そんなに人生で悩みを抱えません。**なにしろ、いつでも神さまが自分を守ってくれていると思うことができるので、安心できるのです。

「神さまなんているわけがない」と思っている人は、何らかの問題が起きたときには自分の力でどうにかしなければなりません。神さまの力に頼ることができないのですから。悩ましい問題が起きたときに、自分でうまく解決できればいいのですが、なかなかそういうわけにはいかないケースはいくらでもあります。そして自分の力ではどうにもならなくなると、絶望しかありません。

その点、神さまがいると信じている人は、どんな境遇に置かれても、「神さまがいるのだから」と深刻にならずにすみます。**楽観的でいられる**のです。

もし街中を歩いているときに、神社を見つけたらぜひ立ち寄るようにしてください。「神さま、いつもありがとう」と感謝しておきましょう。お地蔵さんを見かけたときにも、手を合わせてちょっとだけでいいので拝んでいきましょう。

別に何かをお願いするわけではありません。ただ、**感謝するだけ**でけっこうです。「神さま、なにとぞ宝くじで1億円が当たりますように」などとお願いするのは、あまりにも厚かましく、神さまも呆れてしまうでしょうから、**ただ「今日も元気です、ありがと**

うございます」と心の中でつぶやくだけでいいのです。

こうした習慣を身につけるようにすると、自然に信心深い人間になっていきます。

そして信心深い人間になっていくと、「何が起きたって、自分は大丈夫」と思えるようになるのです。

特定の宗教に入信しなくとも、**神社やお寺を見つけたときには軽く参拝しておくだけでも、十分に信心深い人になる**ことはできます。

もし次に神社を見つけたときには、立ち寄ってみてください。参拝はほんの数分ですみますし、参拝をしてみると、心の中のモヤモヤも晴れてスッキリした気分になるはずです。

ご先祖さまを敬う

神さまを敬うことも心理的な健康に役立ちますが、同じようにご先祖さまを敬うことも役に立ちます。

毎日、神棚や仏壇に手を合わせて、**ご先祖さまに感謝するのはとてもよい**ことですので、ぜひ日課にしてみてください。

米国ノースカロライナ大学のパッティ・ファン・カペレンは、**宗教心のある人**（教会によく出かける、お祈りの頻度が多い、などで測定）**は人生満足度が高くなる傾向がある**ことを突き止めました。同じようにスピリチュアリティの得点の高い人、具体的には、ご先祖さまが自分を見守ってくれていると感じる、あるいは**ご先祖さまと自分はつながっていると感じる人ほど、やはり人生満足度が高くなる**ということを確認しています。

科学万能の時代ですから、神さまや、ご先祖さまのことなど信じていない人のほうが多いでしょう。

けれども、**心理的に幸せな気持ちで生きていきたいのなら、やはりご先祖さまがどこかにいて、常に自分を見守ってくれていると考えたほうがよさそう**に思えます。

「ご先祖さまのおかげで、仕事もうまくいきました、ありがとうございます」

「今日もつつがなく過ごすことができました、ご先祖さまありがとうございます」

そういう感謝の気持ちを持つようにすると、本当に幸せな気持ちになっていくものです。

『成功している人は、なぜ神社に行くのか？』（八木龍平著、サンマーク出版）という本があります。タイトル通り、私も神社に行く人のほうが仕事や家庭、恋愛や子育てもすべてが順調にいくのではないかと思っています。

商売がうまくいっている人としゃべっていると、「ご先祖さまのおかげでしょうね、いやぁ、本当にありがたい」といった発言を聞くことがあります。

私も、「心理学的にもご先祖さまを信じている人ほど人生満足度は高いのですよ」というデータを伝えるようにしています。

資生堂、キッコーマン、日立製作所、トヨタ自動車など、名だたる企業では、自社ビルの屋上や敷地内に神社をもうけているところが少なくありません。

神さまが本当にいるのかどうかはわかりませんが、「いる」と信じたほうがいろいろなメリットを享受できるのではないでしょうか。

神さまもそうですがご先祖さまもそうで、ご先祖さまがいつも自分を見守ってくれていると思うと、心理的な安心感も高まります。いざというときにもご先祖さまが守ってくれると信じていれば、不安を感じたりすることもなくなるのです。

転倒リスクを減らす

これから家を建てたり、リフォームを考えている人は、歳をとってからのことも考えて、できるだけ段差のないフラットな家を設計してください。

デザイン性が高い段差のある家はおしゃれですが、そんな見た目よりも生活のしやすさを重視したほうがいいのです。

若い頃は、そんなに転ぶことはありませんが、**高齢になるにつれてよく転ぶようになります。**

英国クイーンズ・メディカル・センターのA・ブレイクは、65歳以上の1042名に「去年の1年間で、1回以上、転倒したことはありますか？」と聞いてみたところ、なんと35％（356人）もの人が「ある」と答えたではありませんか。お年寄りになると、転んでしまうことが意外に多くなるのです。

「ちょっと転ぶくらい、何ともないよ」と思うかもしれませんね、特に若い世代は。

しかし、お年寄りにとって転倒は致命的です。

歳をとると骨も弱くなってくるので、転倒すると足を骨折してしまうかもしれません。治療のためしばらく歩かないと、筋力低下や内臓も弱ってきてしまい、そのまま寝たきり状態になってしまうことも少なくないのです。

転倒自体はさほど問題ではなくても、他の問題を引き起こす原因になりやすいのです。そのため、家はできれば平屋建てで、段差がないようにしておくのがよいわけです。**転倒のリスクはできるだけ小さく、できればゼロにしておきましょう**。

「私の家には、けっこう段差がある」というのなら、リフォーム業者に相談をして、段差がなくなる工夫や手すりをつけるなどのリフォームをしておきましょう。できるだけ平面でフラットに生活できる環境づくりが理想ですが……。

アパートやマンションを借りるのであれば、「段差がないこと」を条件にして不動産業者にお願いしておくといいですね。転倒して骨折するリスクを極力減らすように備えることで、余計な心配事をなくしていきましょう。

頭を使う活動をする

普段から頭をよく使うようにすると、**ボケや認知症を予防**できます。

もし現在、「自分には趣味と呼べるようなものは特にない」というのであれば、ぜひ頭を使うような趣味を持つことをおすすめします。

米国シカゴにあるラッシュ大学のロバート・ウィルソンは、801名の高齢者に、「あなたはどれくらい認知活動をしていますか?」と聞いてみました。認知活動とは、読書や新聞を読むこと、知恵の輪を解く、友人とトランプをすることなどです。

それから4年半にわたって追跡調査をしてみると、801名のうち111名はアルツハイマー型認知症を発症したのですが、**認知活動を一つ増やすと、アルツハイマー型認知症になってしまうリスクが33%も減少する**ことがわかりました。

頭を使うようにすると、認知症にもなりにくくなるのです。

というわけで、趣味を持つならなるべく頭を使う活動がいいのですが、一番手軽にできるのは読書だと思います。本を読むと、知的好奇心が刺激され、脳の老化を防ぐといわれています。あまり難しい哲学書や専門書を選んでしまうと、難解ですぐに飽きてしまうと思いますから、スラスラと気軽に読めるものや自分の好きなカテゴリーの本でかまいません。もちろん、私の本もおすすめです（笑）。

なぞなぞやクイズをまとめたような本もいいでしょう。絵を見て間違い探しをする本もよさそうです。ナンプレ（ナンバープレイス）もいいですね。

私たちの**脳は、使っていないと衰えていきます**。

脳は、筋肉に比べると衰えを感じにくいので、たいていの人は認知活動を増やそうとは思いません。そのため気づいたときにはもう手遅れで、認知症を発症してしまうというケースが非常に多いのです。

ボケてしまうと、家族にも迷惑をかけてしまいます。そうならないように、できるだけ人生の早い段階から脳に効きそうな活動を趣味にしておきましょう。

ゲームをする

「脳を鍛える」という触れ込みのゲームがあります。

いわゆる「脳トレ」と呼ばれるカテゴリーのゲームなのですが、そういうものを楽しんでもいいですね。ゲームなのですが、相当に頭を使いますので、やはりボケ予防に効果的です。

ドイツにあるマックス・プランク研究所のサイモン・クーンは、新聞やネットで参加者を募り、48名に実験をお願いしてみました。

どんな実験かというと、「ゲーム条件」(23名)に割り当てられたグループには、1日に30分、「スーパーマリオ64」というゲームを2か月にわたってプレイしてもらったのです。

残りの25名は比較のためのコントロール条件に割り当てられ、特に何かをしてもらうということはありませんでした。

さて2か月後、両方のグループの脳を調べさせてもらうと、**「ゲーム条件」にだけ、右海馬形成、背外側前頭前皮質《はいがいそくぜんとうぜんひしつ》、小脳などの灰白質《かいはくしつ》の増大が見られました。**つまり、ゲームを楽しむことは、脳に好ましい影響を与えることがわかったのです。

かつては「ゲームをすると、頭が悪くなる」とも言われました。「ゲーム脳」という言葉も聞いたことがあるかもしれませんが、これは都市伝説にすぎず、科学的な研究によって確認されたことは一度もありません。**ゲームをすると頭が悪くなるどころか、実際には脳によい刺激を与えてくれます。**そういうことを示す研究結果はいくらでもあります。

もし小さなお孫さんがいらっしゃるのなら、孫とゲームをするのもいいでしょう。孫と楽しくおしゃべりしながらゲームをしていれば、ボケ予防にとても効果的ですから。

自分にはよくわからないゲームでも、「ばあばやじいじにも教えて」とお願いすれば、おそらくお孫さんも喜んで指導してくれるでしょう。お孫さんは、先生になったつもりで、得意げに教えてくれます。

最近では、スマホにも無料で遊べるゲームアプリはたくさんあります。そういうもので遊んでいれば、認知症などを相当に遅らせることができますので、楽しんでみてはいかがでしょうか。

かくいう私も、気分転換を兼ねてスマホゲームで遊んでいます。スマホゲームのよいところは、さっと遊べて、さっと切り上げることができる点です。ほんの数分でも、ゲームで遊ぶと脳がリフレッシュされ、仕事の能率もアップするのです。

最近のゲームは本当によくできていますので、これまであまりゲームをしたことがない人でも、試しにチャレンジしてみる価値は十分にあると思います。

クロスワードパズルをしてみる

高齢者になったら、毎日一つずつでもクロスワードパズルの問題を解いてみることをおすすめします。なぜなら、クロスワードパズルは相当に頭を使いますので、それが脳に適度な刺激を与えてくれるからです。

うんうん唸《うな》りながら、文字列に当てはまる単語を考えていくのはとても大変ですが、大変だからこそ脳のトレーニングになるのです。

どうしても答えが思いつかないときでも、正解を見たときの「あぁ、そうかあ！」と驚きと興奮の入り混じった感情を味わうのも、脳の刺激にはいいようです。

米国カリフォルニア大学サンディエゴ校のジェイガン・ピライは、調査を始めた時点では、何の病気にもなっていない健康な高齢者101名（平均79・5歳）を対象に、クロスワードパズルをよくする17名と、クロスワードパズルをしていない84名についての比較研究をしています。

その結果、**クロスワードパズルをよくするグループのほうが、言語認知が高く、記憶の衰えを約2・54年遅らせる**ことがわかりました。

楽しみながら認知機能の予防もできるクロスワードパズルですが、難易度が設定されているので、自分のレベルにあったものを選びましょう。

あまりに難しすぎて、一列さえ答えが思いつかないと、イライラしてしまいます。個人差はありますが、最初はすぐに答えが思いつくほうが楽しいと思いますので、初心者向けからスタートしてみるとよいでしょう。

簡単すぎると思うのなら、中級向け、上級向けにしてもかまいませんが、やさしいパズルを解いていくほうが個人的には好きです。達成感が得られますからね。

スマホの無料アプリにも、クロスワードパズルはあります。世界中に愛好者がいるパズルですので、日本語以外の言語にもチャレンジしてみるのも面白いかもしれません。

クロスワードパズルをするときの注意点は一つ。

すぐに答えを見ないこと。少しくらいは頭を使わないと、まったく脳のトレーニングになりませんので、せめて5分くらいは頭をフル活用してください。頭を使わないと、認知機能の予防にはなりませんから。

いろいろなことに手を出してみる

私たちの**脳は**、**新しいことが大好き**です。

人生の中で**一度も経験したことのないことにチャレンジするとき、私たちの脳は大喜びでフル活動をします**。

すでに何度も経験したことを同じように体験しても、脳はあまり活性化してくれません。すでに十分に慣れてしまっていることなら、わざわざ活性化しなくてもうまくできてしまうからです。

というわけで、**脳を活性化したいのであれば、新しいことでも何でも面白がってやってみることです**。

ドイツのベルリン自由大学のマーガレット・バルテスは、70～103歳（平均84・9歳）の516名の高齢者に、普段の生活でどんな活動をしているのかを聞いてみました。料理、掃除、ガーデニング、読書、家族とのおしゃべりなどです。また、どれくらい加齢に伴う認知機能の低下が見られるのかも調べました。

その結果、**いろいろな活動をする人ほど、認知機能の低下は見られません**でした。

どんなことでもいいので、いろいろなことに手を出してみましょう。

これまで、配偶者にすっかり家事を任せていたのなら、代わりにやらせてもらうのもいいですね。料理にしろ、掃除にしろ、洗濯物を干すことにしろ、これまで自分が一度もやったことがないのなら、脳は大喜びで活性化してくれます。

いろいろなことを自分でやってみるとわかるのですが、どれもこれも簡単そうに見えて、意外に奥が深いものです。

「ひょっとして、こんな感じでやると、もっとうまくできるのではないか？」と自分なりのアイデアなども湧いてきます。脳が活性化している証拠です。新しいアイデアを試してみるのも、たとえそれが失敗しても愉快な気分になるので、悪いことではありません。

「今日からは僕が家事をしよう」と提案すると、奥さんはびっくりするかもしれませんが、手伝ってくれるのだと勘違いして喜んでくれると思いますよ。本当は、自分の脳を活性化するのが目的なのですが、本当の目的は黙っておいていいでしょう。

地元のコミュニティで行われるイベントにも積極的に参加してみましょう。調べてみると、いくらでも面白そうな集まりを見つけることができます。

変わった民族楽器を習う会や茶道の会、手芸の会、お祭りのお囃子《はやし》会、空き缶拾いのボランティアなど、いろいろあるはずです。

やったことのないスポーツにチャレンジするのもいいでしょう。歳だからと遠慮はいりません。少しでも興味があれば、テニスでも、スキーでも、バレーボールでも、社交ダンスでも、何でもやってみることです。

もしやってみて、ケガの心配や他の人に迷惑をかけてしまうなと思ったら、他のことをすればよいのです。

自然の音を聴く

「最近、ちょっと元気がなくなってきた」
「ネガティブなことばかり考えてしまう」
という自覚症状がある人は、自然の多いところに出かけてみてください。心も晴れやかになると思いますよ。

もともと人類は歴史のほとんどの期間を、自然の中で過ごしてきました。都市での生活は、せいぜい100年ほどにすぎません。

そのためでしょうか、私たちは自然の多いところにいるほど活力が溢れてきて、元気になります。自然の音や匂いを感じ取ると心が落ち着くメカニズムが、私たちの身体には備わっているのかもしれません。

「忙しくて、時間がない」
「物理的に移動が困難で、行きたいが行くのは難しい」

など、事情がある人もいることでしょう。

もし自然の多い環境に出かけることが難しいのなら、**「音」を聴くだけでも効果的**です。

米国アラバマ大学のルイス・バージオは、2つの介護施設に協力をお願いして、施設内で自然の音をテープで流すようにしてもらいました。**川のせせらぎの音や波の音、鳥の鳴き声や、風で揺れる木々の音など**です。

するとどうでしょう、テープを流す前には、介護施設にいるお年寄りの人たちが、大声で喚《わめ》いたり、叫んだりする割合が57・61％だったのですが、テープで自然の音を流したらこの割合が51・70％に減ったのです。

自然の音は、心を落ち着かせる効果があるといえます。

最近では、自然の音だけを集めたアプリもありますので、利用してみることをおすすめします。目を閉じて自然の風景を思い浮かべれば、実際にそこに行ったときと同じような効果があるでしょう。

DVDなど動画を利用するのもよいですね。「自然の風景」といったキーワードで検索してみると、いろいろな自然の風景を集めた動画も見つかるので、仕事や家事、雑事に追われているときこそ、数分間でも「自然の風景」を眺めてリラックスするのもよいでしょう。

ちなみに、東京は高層ビルが乱立していて、コンクリートジャングルのようなイメージがありますが、実際にはかなりの自然が残されています。都市部でも意外に自然がたくさんありますので、散策をしながらそういう場所を探してみるのも面白いと思いますよ。

外国語を習ってみる

脳を鍛えたいのなら、外国語の学習をおすすめします。

フランス語でも、スペイン語でも、中国語でも、韓国語でも、何でもかまいません。自分が普段話している日本語以外の外国語を学ぶと、脳が適度に刺激され、認知機能の低下を防ぐ働きがあることは、いくつもの研究で明らかにされています。

カナダにあるヴィクトリア大学のデビッド・フルチュは、55～86歳の250名を6年間にわたって調査した結果、**外国語を学んでいる人では、その6年間での認知機能の衰えがあまり見られない**ことがわかったそうです。

また、英国エディンバラ大学のトーマス・バクは、二か国語を話すバイリンガルと、英語だけしか話せない人のグループを比較する研究をしてみましたが、**バイリンガルほど認知機能が衰えにくい**という結果を得ています。

さらにカナダのヨーク大学のエレン・ビアリストクは、調査によって**外国語を学ぶことは、認知機能の低下を防ぎ、アルツハイマー型認知症の予防効果がある**と明らかにしています。

趣味としての外国語の学習はとてもおすすめです。

海外で仕事をしたいとか、海外旅行に行きたいとか、実用的な目的で学ぶのではなく、あくまでも趣味でかまいません。

たいていの日本人は、中学校、高校と英語を学びますが、「受験のため」ということもあって、英語の学習の楽しさを感じられなかったのではないかと思います。やみくもに英単語や英熟語を丸暗記するだけで、面白くも何ともなかったのではないでしょうか。

その点、大人になってからの外国語学習は違います。

あくまで、個人の楽しみでよいのですから、楽しく外国語を学んでください。

外国語を習うと、何だか自分に教養がついたように感じます。新しいことを学ぶと、自分が成長しているようにも感じられます。そういうポジティブな気持ちが、老化を予防し

てくれるのです。

「外国語の学習は、脳にとても良い効果をもたらす」という研究はいくらでもありますが、「脳に良くない」という結果を示す研究には、私は一度も出会ったことがありません。

ぜひ外国語の学習にもチャレンジしてみましょう。

大人になってから改めて英語を学び直すのもいいアイデアです。受験時代とはちがって、苦しい思いもしませんし、英語を話せるようになればたいていの外国人とおしゃべりができるでしょうから、楽しく学ぶことができそうです。

「子どもの頃」をヒントに、新しいことをはじめる

毎日、同じようなルーティンで生活していると、退屈です。決まりきった生活を送っているだけでは、まったく刺激もありません。

というわけで、とにかく何か新しいことを始めてみましょう。自分の人生で、一度もやったことがないことなら、何でもよいのです。

そうはいっても、なかなか新しいことなんて見つからないという人には、子どもの頃を少し思い出してみると、何かを始めてみるヒントが見つかるかもしれません。

たとえば、「子どもの頃に珠算は習っていたけど、習字は習っていなかったな」というのなら、書道教室がいいでしょう。「ピアノは習ったけど、絵は習っていなかったな」というのであれば、絵画教室に通うのです。

子どもの頃、公園で砂場遊びやドロンコ遊びが好きだったのなら、ひょっとすると陶芸やパン作りなどに心がワクワクするかもしれません。

ありがたいことに、最近では、通信教育も充実しています。

試しに通信教育の講座をインターネットで調べてみると、それこそ健康や美容、語学、料理、音楽、パソコンまで、もう本当に何でもあるのですよね。どれもこれも面白そうですので、目移りしてしまってなかなか決められないほどです。

米国カリフォルニア大学サンディエゴ校のジェニファー・ライヒスタットは、平均80歳の高齢者たちに、「よい歳のとり方」について答えてもらったところ、**95%は「新しいことを始めてみること」と答えたそう**です。

新しいことを始めると、気分もウキウキしてきます。**新しい知識や技能を身につけると、「自分が成長している」という実感も得られます**。

何歳になっても、「自分が成長している」ということを感じられることは、とても嬉しいことなのです。ですから、何でも積極的に始めてみればよいのです。

たとえば本棚が欲しいとき、既製の本棚を買わずにＤＩＹで（自分自身で）作るのはどうでしょうか。最初は、のこぎりもうまく使えず、釘打ちもうまくできず、ヘンテコな本棚しかできないでしょうが（私はそうでした）、自分で作ると、なんとなく「味がある」ように感じて、心理的には面白くて、ものすごく満足できます。

新しいことを始めるのに、適切な年齢というものなどありません。

何歳になったとしても、自分が「やってみたいな」と思うことには、どんどんチャレンジしてみましょう。たとえ失敗しても、それはご愛敬《あいきょう》。少しずつでも、新しい知識や技能が身についてくることを思いきり楽しんでください。

第3章

幸せな老後を過ごす考え方のヒント

加齢に対して執着しない

「歳をとりたくない！」とどんなに切望しても、それは不可能です。

私たちはだれでも歳をとります。これは自然現象ですので、もうどうにもなりません。

人間は鳥ではありませんので、「空を飛びたい」と願っても物理的に不可能なのと一緒です。

自然な加齢はだれにでも等しく起きますので、それに逆らうことはできません。

顔にシワができたり、髪の毛が白くなってきたりしても、それは自然現象なのですから、そのまま素直に受け入れてください。

最近は、アンチ・エイジングが花盛りですが、あまりにその**意識が強すぎると、心理的にはかえって有害です**。

「あぁ、またシワが増えた……」

「あぁ、またシミが……」

「あぁ、身長が縮んでしまった……」

と思うたびに、気分が大きく落ち込んでしまうことになるからです。

自然な加齢に伴う変化は、当たり前の変化にすぎませんので、いちいち気にしないほうがいいのです。

オランダにあるライデン大学のマーガレット・フォン・フェーバーは、85歳以上の599名に、「サクセスフル・エイジング」というのは、身体的、心理的な変化を受け入れ、適応していくプロセス」と考えるように仕向けました。

すると、45％（599人中267人）は、「私は十分によい歳のとり方をしている」と感じられるようになった、という結果を報告しています。

アンチ・エイジングを否定するつもりは毛頭ありませんが、病的なほどに「老い」を恐れるのはどうでしょうか。

心理的には、あまりよいことではありません。

自然な加齢に伴う変化は、「まあ、それはしかたがない」と受け入れましょう。どうにもならないことを嘆いても、気分が落ち込むばかりで何の利益にもなりませんから。

大切なのは、心を若く保つことです。

かりに身体的、心理的な変化があっても、「それでも自分はまだ若いほうだ」と思っていればいいのです。あわててアンチ・エイジングに精を出して、高額なスキンケア商品などを購入する必要はありません。

変化は変化として自然に受け入れ、それでも心はいつまでも若いままでいられるのが理想だといえるのではないでしょうか。

後悔には2種類ある

私たちは、いろいろなことに後悔をするものですが、**「最大の後悔」を感じやすいのは、人間関係について**です。

米国サウスカロライナ州にあるクレムソン大学のロビン・コワルスキは、189名の成人に「もし若い頃の自分にアドバイスできたとしたら、どんなアドバイスをしますか？」と尋ねることで、何を後悔しているのかを調べてみました。

すると、**後悔を感じる1位は、「人間関係」である**ことがわかりました。

私たちは、人間関係について大きな後悔をしがちなのです。

ですので、歳をとってから後悔をしたくないのであれば、とにかく人間関係において後悔をしない生き方をする必要があります。

後悔には、実は2種類あります。

「やった」ときの後悔と、「やらなかった」ときの後悔です。

そして、この2つの後悔を比較してみると、**「やらなかった」ときの後悔のほうが大きくなる**ことが知られています。

ですので、「やる」か「やらないか」どちらかの選択をしなければならないときには、必ず「やる」を選びましょう。そのほうが、さらに歳をとった未来では後悔しませんから。

もし好きな人がいるのなら、勇気を出して告白しましょう。

初恋の人に告白をしなかった人は、「あのとき、告白していれば……」と告白しなかったことを**いつまでも**悶々《もんもん》**と悩む**ことになります。その点、勇気を出して告白しておけば、かりに断られたとしても、それほど後悔することはありません。

長いこと会っていない旧友をふと思い出したときにも、あなたが「久しぶりに会いたいなあ」と思ったら、連絡をとってみてください。「向こうも忙しいだろうから」「スルーされたら嫌だな」などと遠慮しないことです。断られたら、タイミングが合わなかったで済みます。「あのとき連絡して会っておけばよかった」ということも少なからずありますので。

一方で、気が合わなくなった友だちとずるずると付き合いをつづけているのなら、いっそのことその人との縁を切りましょう。いきなりは難しいという場合は、**徐々に距離をとって様子を見るのもおすすめ**です。お互いに生活環境も変化していますし、成長して価値観の相違もよく見えてきますので、気が合わなくなるのはしかたがないことです。

今の自分に合った新しい友だちを作るようにしたほうが、後悔もしません。

結婚すべきかどうかで迷ったら、結婚しましょう。

そこで結婚をしないと、歳をとってから後悔するかもしれません。「やっぱり、あのとき結婚しておけば……」という思いをずっと抱きつづけることになります。もし結婚して、それでうまくいかなかったら、離婚すればよいのです。

もちろん、離婚も同様です。

配偶者がアルコール中毒であるとか、ウソつきであるとか、暴力的な傾向があるとか、長年会話をしていないのなら、**迷わず離婚すべき**です。さまざまな事情ですぐには難しい

場合でも、「今から準備を進める」「距離をとる」といった行動を起こすことをおすすめします。

そして自分を大事にする新しい人生を見つけていくほうが、後悔も少なくなるはずです。

人間関係について悩んで、選択をしなければならないときは、必ず「行動する」を選んでみてください。そうすれば後悔のない人生を歩めます。

歳をとるメリットを紙に書き出す

歳をとることは、そんなに悪いことでしょうか。

最近は、「加齢」（エイジング）は完全に悪者扱いされるようになってしまいましたが、思い込みはいけません。

加齢について悪い思い込みをしていると、むしろ寿命は縮まってしまうという、なんとも恐ろしい事実も確認されているからです。

米国イェール大学のベッカ・レヴィは、平均63歳の660名の年配者に、「加齢」についての思い込みを聞いてみました。

「歳をとると、若いときに比べてそんなに欲しいと思うものもなくなるし、欲望を感じなくなるので、むしろ心は落ち着いていられる」のようにポジティブに考えているのか、それとも「歳をとると、元気が出なくなってしまった」のようにネガティブに考えているのかを調べたのです。

それから23年後までの生存率を調べてみると、**加齢をポジティブに受け止めている人は、ネガティブに考える人より7・5年も長生きしている**ことがわかりました。

長生きをしたいのなら、加齢をポジティブに受け止めましょう。


歳をとることは素敵なことだと考えてみてください。

子育てをしなくてよいのですし、定年を迎えたら、仕事をする必要もありません。仕事が好きなのであれば少しくらいは働いてもいいでしょうが、**24時間のほとんどを自分のために使うことができる**のです。これは素晴らしいことではないでしょうか。

気の合う友だちと時間を気にせずおしゃべりしてもよいのですし、旅行に出かけてもかまいません。とにかく、だれに指図されるわけでもなく、**自分の生きたいように生きていける**のです。

加齢はだれにでも等しく起きる自然現象なのですから、そのまま受け入れるようにしましょう。加齢を避けようとしても、避けられるものではありません。だれでも歳をとるの

ですから。

だとしたら、せめて加齢をポジティブに受け入れましょう。これが最善の方法です。

私たちは、どうしてもネガティブな側面に注意を向けがちですので、あえて加齢のメリットを紙に書き出してみるのもいいですね。

「歳をとると○○○」のように、メリットをたくさん箇条書きし、そのメモをたまに目にするだけでも、加齢についてポジティブな考えを持つことができるでしょう。

鈍感になる

歳をとることには、いろいろなメリットがあります。

若いうちは、ものすごく小さなことが気になって、神経質にピリピリしていた人でも、ある程度の年齢になると、いちいちピリピリするのも面倒くさくなってきて、「まぁ、いいか」と受け入れられるようになるのです。神経質なことで悩んでいる人にとっては朗報でしょう。

若いうちは、どうでもいいようなことですぐに腹が立ってしまうことも少なくありません。

○メールの返信が少し遅いだけでムカッ。

○お店に入って、すぐに店員が挨拶をしてくれなかっただけでムカッ。

若い頃は、とにかくどんなことにも過敏に反応しすぎてしまうものです。しかし、歳をとってくると、そのような過敏さも抑えられるようになるのが普通です。

米国カリフォルニア大学サンタクルス校のマラ・マザーは、18～29歳の若者グループと、

70〜90歳の高齢者グループの両方に、64枚の画像を見せて、そのときの脳の活動を機能的磁気共鳴画像法（fMRI）という装置で調べてみました。

その結果、高齢者グループは、**ネガティブな画像**（動物の腐乱死体や、指が切断された手、など）**を見せられても、感情を司る「扁桃体《へんとうたい》」と呼ばれる領域があまり活性化しない**ことがわかりました。

歳をとると、ネガティブな出来事があっても、いちいち反応しなくなるのです。

「ふぅん、だから何？」

「ふぅん、まぁ、そういうこともあるだろうね」

と軽く受け流すことができるようになります。個人差ももちろんあるでしょうが、たいていの人は歳をとればとるほど、些細《ささい》なことでいちいち反応しなくなるものなのです。

私自身のことを考えても、加齢に伴う変化がありました。20代の頃には、ものすごく短気でしたし、だれにでも議論を吹っかけるような人間でしたが、40代の半ばを過ぎるようになってからは、いちいち怒るのが面倒になってきて、とても温和な人間になったように感じます。

編集者と打ち合わせの約束をしていても、若い頃には、わずか5分の遅刻も許せませんでしたが、最近は遅刻してきた編集者にも、「あぁ、いいよ、いいよ、気にしなくていい」と言ってあげられるようになりました。性格が180度変わってしまって、自分でもビックリしています。

若い読者の中には、神経質であることや短気であることに悩んでいる人がいるかもしれませんが、そういう性格は一生変わらないものでもなく、歳をとるほどになくなっていきますので、安心していてください。

いつでも落ち着いていられる

お年寄りになると、身体の動きもゆっくりになりますが、感情のほうも鈍麻していきます。これまでの人生でさまざまな経験をしてきたため、少々のことでは動揺もしなくなるのです。

これも、考え方によってはお年寄りのメリットといってよいのではないでしょうか。

米国ミネソタ大学のジーン・ツァイは、48名の若者グループ（20～34歳）と、48名の年配者グループ（70～85歳）に、父親を亡くして嘆き悲しむ息子が出てくる映画を観てもらい、そのときの生理反応を調べてみました。

すると、年配者グループでは、呼吸が乱れたり、心拍数が上がったりするということはありませんでした。

若者は、ちょっとしたことですぐに心が動いてしまいますが、お年寄りは、どんなときでも落ち着いていられるのです。

やはり、いろいろな経験を積んでいるということは大きなことなのですね。

一度でも経験しておくと、人はそんなに動揺しません。

米国の南カリフォルニア大学のボブ・ナイトは、1994年に起きたノースリッジ地震（米国史上、最大規模の地震）の後でのストレス反応を調べてみました。調べたのは30～102歳までの166名です。

その結果、お年寄りは、人生の中で何度も地震を経験しているので、免疫がついているのか、ノースリッジ地震のときにもストレス反応を起こさず、抑うつにもなりにくいことがわかったのです。

経験していれば、「慌てず騒がず」と感じるので、落ち着いていられます。

今の高齢者の中には、戦争や戦後の極限的に悲惨な状況を経験してきた人たちもいるでしょう。現代社会で多くの人にとってはストレスになるようなことでも、そういう高齢者にとっては、「戦争に比べれば、なんてことはない」と思うことができるのかもしれません。

お年寄りになると、感覚や感情が鈍くなってきます。

感動的な映画を見ても、そんなに涙を流せなくなるというのはデメリットかもしれませんが、心が動揺しなくなるというメリットもあるのです。

「禍福は糾《あざな》える縄の如し」という言葉もあるように、**デメリットのように見えることでも、考え方によってはメリットになる**こともあるのです。

歩くスピードが速い人は、認知症になりにくい

だれでも簡単に「将来的に自分が認知症になりやすいかどうか」をテストする方法をお教えしましょう。

それは「**歩く速度**」。

外を歩いているとき、他の人にどんどん抜かれてしまうようなら、将来、認知症を発症しやすいかもしれません。

英国ロンドン大学のルース・ハケットは、60歳以上の3932名を対象に、歩く速さを測定しました。

それから2002~2003年、2006~2007年、2014~2015年のときに、どれくらい認知症を発症しやすいのかを調べてみました。その結果、**歩くのが速い人ほど、認知症になりにくくなる**ことがわかったのです。

ハケットは、歩くのが速い人ほど、認知症だけでなく、認知機能（記憶力や言語の流《りゅう》暢《ちょう》性など）の衰えもあまりみられないことも併せて突き止めました。

読者のみなさんは、どうでしょう。

「私は健脚で、歩くのは普通の人よりも相当に早いほうだ」というのなら、おめでとうございます。認知症にはなりにくいタイプだと判断できますよ。

もし、歩くのが遅いという自覚があるのなら、今からでも遅くありませんので、早歩きするように心がけてください。

できるだけ颯爽《さっそう》と、できるだけ大股で、元気よく歩いてください。

もし自分の前を歩く人を見かけたら、「あの人に追いついて、追い抜いてみよう」という気持ちを持つと、自然と早歩きになります。

マラソンのような陸上競技では、ペースを上げて競技者を引っ張る人のことを「ラビット」といいます。もともとはドッグレースで、犬に兎（ラビット）の模型を追わせるところからできた言葉らしいのですが、歩くときにも「ラビット」は効果的です。

100mくらい前を歩いている人を見かけたら、その人を自分のラビットになってもらい、追いつくように早歩きしてみるのです。自分の前に目標があるのと、ないのとでは、歩くスピードも相当に変わってくるものです。

「まずはあの人だ」とラビットを決め、その人を追い越したら、「よし次はあの人！」と新しいラビットを見つけるようにすると、早歩きのトレーニングもになります。

トボトボと元気のない歩き方をしていたら、気分も滅入ってしまいます。

自分はまだ若いのだと言い聞かせて、できるだけ早歩きしながら目的地に向かうようにしてみましょう。

元気に歩いていると、なぜか不思議と気分も高揚してくるものです。走るわけではないので「ランナーズハイ」ではなく「ウォーキングハイ」と呼ぶべきなのかもしれませんが、ともかく気分が盛り上がってくることは間違いありません。

頭の中で、「チーター」をイメージしてみる

颯爽と早歩きするには、ちょっとしたコツがあります。

それは、頭の中で走るのが速い動物をイメージしてみること。足の速い動物のことを考えていると、なぜか私たちの動作はキビキビとしてくるのです。

米国ニューヨーク大学のピーター・ゴールウィッツァーは、50名の大学生に「生きものと人間の構造的類似性」というインチキな科学記事を読んでもらいました。

ただし、内容の一部は実験的に変えてあります。記事の中で取り上げられている事例の動物が、スピーディな動物である、チーター、ピューマ、ウマ、グレイハウンド（猟犬）となっているバージョンと、動きがのんびりしている、ナマケモノやカメになっているバージョンの2つにわけて実験したのです。

記事を読んでもらった後で、学生に別の作業をしてもらうと、直前にスピーディな動物

【図5】動きの速い動物と遅い動物の記事を読ませたところ……

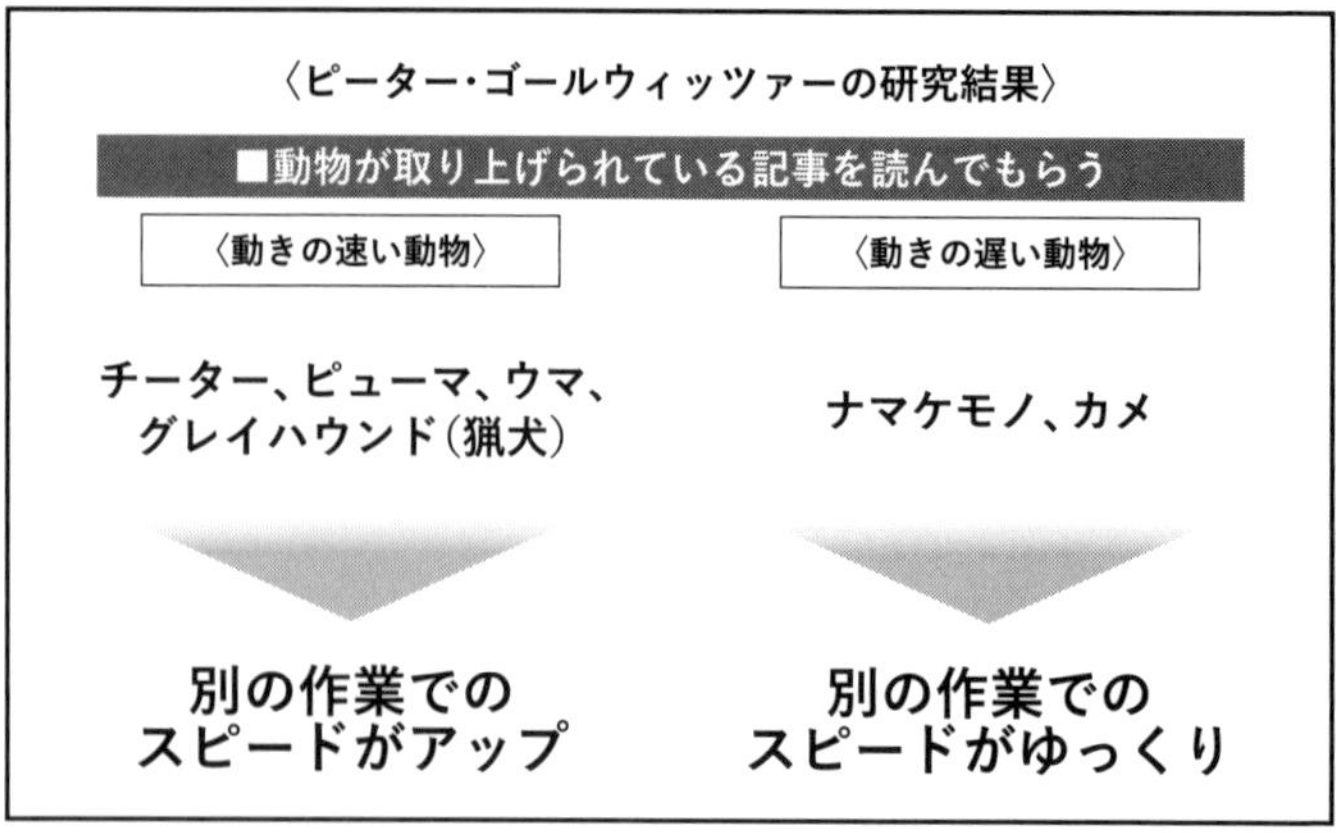

の話を読んだ学生は、作業もスピーディにできるようになりました。動きがのんびりしている動物の記事を読んだ学生は、作業もゆっくりになってしまいました（図5）。

早歩きをすることで健康を維持したいのなら、**ウォーキングを始める前に1分間くらい、チーターやヒョウなどを頭の中で思い浮かべてみる**といいかもしれません。チーターの画像を見たりするのもよいでしょう。

競馬の動画を見るのもおすすめです。

サラブレッドたちが、ものすごい速さでゴールに駆け込んでいくシーンなどを見ていると、自分の足取りも早くなるでしょう。私たちは、**自分が考えて**

いるイメージの影響を強く受けるものですから。

歩いている最中でも、競馬のゴールシーンなどを考えるようにすると、足取りも軽くなり、スイスイと歩けるようになります。

「ウソでしょ？」と思われるかもしれませんが、本当なのです。自分がサラブレッドになったような気持ちになるので、**自然と歩くペースもアップする**のです。

実験的に確認されているわけではありませんが、スピーディな動物でなく、人間でもかまわないかもしれません。たとえば、短距離走やマラソン大会でのラストスパートのシーンを見たり、頭の中でイメージしたりするだけでも、同じような効果が見られる可能性もあります。

歳をとってくると、どうしても動作がゆっくりになりがちですが、動きの早い人や動物をイメージしていると、同じようにキビキビと動けるようになることを覚えておくとよいでしょう。

自分におかしな「ラベル」を貼らない

私たちは、**自分に貼られた〝ラベル〟の影響を受けます**。

「私はバカ」というラベルを自分に貼ってしまうと、本当に学力も落ちていきます。

「私はブサイク」というラベルを貼ると、魅力も落ちてしまいます。

このような心理現象は、**ラベル効果**と呼ばれています。

自分におかしなラベルを貼らないように気をつけましょう。

おかしなラベル通りの人間になってしまいますからね。

ベルギーにあるルーヴァン・カトリック大学のドナティーン・デスメッテは、50〜59歳までの352名について、自分のことを「社員」ではなく「年配の社員」というラベルを貼って見る人ほど、心理的に老け込んでしまい、「早く引退したい」という気持ちが募ってしまうことを明らかにしています。

ただの「サラリーマン」「作業員」だと思っていればいいのに、わざわざ「年配のサラリーマン」「年配の作業員」のように、「年配の」という形容詞をつけて自分のことを見てはいけません。

自分に**「悪いラベル」を貼るのではなく、「良いラベル」を貼りましょう**。良いラベルを使うようにすると、やはりラベル効果によって良い効果が起きますから。

「私は、気持ち的にはいまだに駆け出しの新人」というラベルで自分を見ている人は、いつまでもフレッシュな気持ちで仕事に取り組めます。自分のことは「新人」「ひよっこ」「若造」というラベルを貼ったほうがいいのです。

私は25年以上も文筆活動をしているわけですが、自分のことをいまだに新人だと思っています。もともと性格的にあまり自信家ではないということもありますが、おそらくは今後も「中堅の作家」や「大御所」といったラベルは自分には貼らないと思います。おこがましくてそんなラベルを貼るなんてできません。

そのためでしょうか、今でも新人の頃と同じくらいフレッシュな気持ちで執筆活動ができています。編集者から仕事の依頼があると、「うわぁ、僕のような若造に仕事をくれるんだ」といまだに嬉しくてしかたがありません。

読者のみなさんは、自分に「初老」だとか「年増《としま》」だとか「枯れ木」のようなラベルを貼ってはいませんか。

そのようなラベルは心理的に有害ですので、別のラベルに貼り替えたほうがいいですよ。ラベルはできるだけポジティブなほうがよいですから、ある程度の年齢の人にふさわしいラベルということになると、おすすめは「ベテラン」になるでしょうか。「年配」というラベルよりは、「ベテラン」や「熟練」や「達人」のようにポジティブなニュアンスのあるラベルを自分に貼るようにしてください。

患者がなるべくいない病院を選ぶ

かかりつけのお医者さんを選ぶときには、なるべく他の患者さんがいなくて、ガラガラの病院やクリニックを選ぶとよいですよ。

お医者さんを選ぶときには、たいていの人は、腕がいいとか、医学的な知識が豊富であるといったことを基準にすると思いますが、その選び方ではいけません。とにかく自分以外の患者があまりいない病院やクリニックを選ぶようにしましょう。

なぜ、そんなことをするのでしょうか。

その理由は、他の患者さんがいなければ、当然の帰結として、**自分のことをじっくりと診療してくれる時間をとってくれる**からです。

流行《はや》っている病院では、そういうわけにはいきません。他の患者さんのことも診察しなければなりませんから。

「3時間待ちの3分診療」という言葉があります。待合室で3時間も待たされたのに、肝心の診療は3分で終わり、という意味です。流行っている病院では、どうしてもそういうことが起きます。これはしかたがないという側面もあるでしょうが。

その点、ガラガラの病院であれば、たっぷりと診察時間をとってくれます。相談したいことも遠慮なく話すことができます。

英国インペリアル・カレッジ・ロンドンのジョージ・フリーマンの研究によると、**医師の診察時間が長いほど、患者はよく治る**そうです。

お医者さんが自分のために時間をかけてくれると、患者は心から満足できます。そういう満足感が、治癒《ちゆ》につながるのでしょう。

「大きな病院でないと、何となく不安……」という人もいるでしょうが、小さなクリニックだからといってバカにしたものではありません。若い先生だから実力もないのかというと、そんなこともありません。きちんと医師免許を持ったお医者さんが診察してくれるのですから、何の心配もいらないのです。もしお医者さんが自分のところでは処置できないとなれば、すぐに紹介状も書いてくれます。

お医者さんに診察してもらおうとして、何時間も待たされるとそれだけでイライラし、ストレスも蓄積されてしまいます。これでは病状も悪化してしまうのではないでしょうか。病院に出かけて、余計に具合が悪くなるという皮肉な結果になってしまいます。

かかりつけのお医者さんを選ぶときには、なるべく「繁盛していないように見える」ところを探してみましょう。

そのようなところのお医者さんのほうが、こちらの悩みをじっくり聞いてくれますし、時間をかけて診療してくれます。内科だけでなく、耳鼻科の先生を選ぶときにも、歯科の先生を選ぶときにも、同じようにできるだけ他の患者が少ないところを選ぶのが正解です。

他人と比べるのをやめる

「隣の芝生は青く見える」という言葉がありますが、他の人と自分を比べてはいけません。

特に、自分よりも上の、恵まれた環境の人とは絶対に比べてはいけません。なぜかというと、**比べれば比べるほど、自分が不幸になるから**です。

「あいつは、俺よりもお金持ちだ」

「あいつは広い家に住んでいるのに、私は……」

「あいつは健康でピンピンしているのに、私はヒザが痛くて何もできない」

そんな比較をしていたら、不幸になるに決まっています。

自分よりも恵まれた人に嫉妬を感じたり、恨みを感じたりして、悶々《もんもん》としながら生きていくのは、イヤですよね。

ですので、自分より恵まれた人など、この世に存在しないものと考えて、無視すればいいのです。

英国サリー大学のグラハム・ボーモントは、65歳以上の190名についての調査を行ったところ、**自分よりも上の人と比べる人ほど人生満足度が低下し、自分よりも下の人と比べる人ほど人生満足度が高くなる**という結果を得ています。

もし、どうしても比較したいのであれば、自分よりも恵まれない環境と比べてください。そのほうが、まだ幸せな気持ちになれます。

たとえば、国によっては戦争中で治安が悪化していたり、失業率も高く、毎日を安心安全に暮らすことも難しい人々もいることでしょう。

もし給料が安くて不満があったのなら、「毎日働くことができる職場があってラッキー」「定期的に収入が得られて、自分はなんと幸せなのか」「私には少なくとも雨風を避けることができる家がある」と考えれば、自分の境遇にも満足できるでしょう。

「他の人と比較してしまう」というのは、誰もが持っている心理です。しかし年収が1000万円あったとしても、年収1億円の人と比べると「私はあいつの10分の1しかお金をもらっていない」と、上を見るとキリがないため、不満しかたまりません。

一方で、他人と比べて得る「相対的な幸福認識」よりも、今の自分にフォーカスして得る「絶対的な幸福認識」のほうが満足度が高いともいわれています。なぜなら、喜びや幸せを自分自身ではなく、他人や環境などの外部にゆだねてしまうと、外部環境が変わるたびに、喜びや幸せの価値観が振り回されてしまうからです。

どうしても他人と比べたい場合は、あくまで「心の中」だけにとどめておきましょう。

運転免許証の自主返納は、少しだけ待ってみる

テレビなどで高齢者の交通事故を取り上げるニュースを目にすることがあります。歳を重ねるごとに、反射速度も鈍くなるでしょうし、アクセルとブレーキの踏み間違いも起きやすくなります。

おそらく視聴者の多くは、「お年寄りになったら、事故を起こすよりは、さっさと免許証を返納したほうがよさそうだな」と思うかもしれません。

しかし、返納は少しだけ待ってください。

なぜなら、人生がつまらなくなってしまうかもしれないからです。

オーストラリア国立大学のティモシー・ウィンザーは、70歳以上の男女700名について、これまで同様に自動車の運転をつづけている647名と、運転免許証を返納した53名について、返納してから2年後までの抑うつについて調べてみました。

その結果、運転免許証を返納した人たちは、**運転をやめたために、好きなところに出かけることができなくなり、人との付き合いも減り、抑うつの度合いが高まる**ことがわかったのです。

「いつでも好きなところに外出できる」と思えば、私たちは、自分の人生を自分の好きなようにコントロールできると考えます。しかし、自動車に乗れなくなると、「人のお世話にならないと、おちおち出かけることもできない」という気持ちになり、自分の人生を自分でコントロールできないように感じてしまうのです。

そのような気持ちになるくらいなら、**自動車の運転免許証は、できるだけ返納しないほうがよさそう**にも思えます。

人生をつまらなく感じたり、自分が厄介者のように感じたりするくらいなら、返納を遅らせたほうが心理的にはメリットがあるといえます。

都市部であれば、電車やバスなど公共交通機関がいくらでもありますので、免許証を返納しても困らないかもしれません。一方で、田舎になるとそういうわけにはいきません。

「出かけたいところに行けない」というのは、かなりのストレスになります。出かけたいと思うたび、だれかに頭を下げて、「○○まで連れていってほしい」とお願いしなくてはなりません。そういうことをくり返していると、**自分の人生を自分でコントロールできるという実感が湧かず、無気力になってしまいます。**

というわけで、幸せな人生を送りたいのであれば、運転免許証はなるべく返納せずに、運転できるうちは運転していたほうが心理学的には正解になります。

もちろん、**自分の運転を過信してはいけません。**

加齢に伴う判断力の低下は確実にあるのですから、交通ルールをきちんと守って、安全運転を心がけてください。

第4章

歳をとってからの人間関係のコツ

気の合う人とだけ付き合う

あまり知られていませんが、**お年寄りのほうが若者よりも人生満足度は高い傾向があります。**

「えっ!? 逆なのでは?」と思うかもしれませんが、お年寄りのほうが日々の生活に対して満足度が高いのです。

なぜなら、**お年寄りは気の合う人としか付き合わないから**です。

若いうちは、職場や取引先など仕事関係や子育ての環境で、あまり好きではない人とも付き合わざるを得ないということも多く、そういう不満が満足度を下げる傾向があります。

その点、お年寄りは、自分が嫌いな人とは付き合いません。イヤな人と付き合わなくとも、何の支障もないからです。定年を迎えたら、本当に好きな友人とだけ付き合っていればいいので、人付き合いのストレスも感じないですむのですね。

米国スタンフォード大学のヘレン・ファンは、地元の電話帳でランダムに電話をかけ、中央値によって若い人206名（平均30・1歳）と、年配者196名（平均62・0歳）にわけて、どれくらい気の合う人と付き合っているのかを比較してみたのですが、**年配者のほうが気の合う人とだけ付き合う**という傾向が明らかにされました。

「本当は会社の飲み会なんかに出たくないんだけど、しかたない……」

「あんな奴の顔なんて見たくないけど、後で何か問題が起きても困るし……」

「子どもたち同士は仲がよいけど、親同士は特に趣味も合わないし……」

若いうちは、人間関係の心配をしなくてはなりませんが、定年を迎えたお年寄りにはそういう心配はゼロ。付き合いたくない人とは付き合わずにすませられるということも、お年寄りのメリットだといえます。

私たちにとって、**「人付き合い」はストレスの第一の原因**であることが多いのですが、お年寄りになると、人付き合いでのストレスはなくなります。付き合いたくない人とは付き合わなくとも何ら問題がないからです。

定年を迎えることには、こういう素晴らしいメリットもあるのです。

若いうちは、人脈を広げるためにも、積極的にいろいろな人と付き合ってみるのもいいかもしれませんが、ある程度の年齢になったら、むしろ付き合う人間を「**絞り込む**」ことを考えましょう。

嫌いな人とはなるべく付き合わないようにして、**一緒にいて楽しい人とだけ付き合う**ようにしましょう。嫌いな人から誘われても、「最近、ちょっと体調が悪くて」とウソをついてごまかしておけば、年齢のこともあるので、相手も無理強《じ》いはしてこないと思います。

怒りをためない

歳を重ねると、感情的になることは少なくなります。

しかし、どうしても気に入らないことがあるのなら、はっきりと相手に伝えるほうが、お互いにとっていいでしょう。

「私は、あなたの○○がどうしても苦手」ということを**はっきり言わないと、相手には伝わりません**。超能力者でもない相手には、こちらがどんな感情を抱いているのかがわからないのです。

もちろん、最初から喧嘩《けんか》腰になるのではなく、穏やかな話し方で、「今後は○○してほしい」ときちんと伝えれば、相手にも理解してもらえるはずです。

家庭内で気に入らない点があれば、それも伝えましょう。

「私の体調が悪いときには、黙って家事を手伝ってほしい」

「新聞を取りに行くのなら、ついでにゴミ出しもしてほしい」

そういうことはどんどん指摘したほうがいいと思います。喧嘩腰で言うのでなければ、相手も「わかった」と納得してくれるはずです。

ムカッとすることがあっても我慢していたら、ずっと気分の悪さがつづきますよね。当然、健康によいはずもありません。怒りはため込むのではなく、上手に発散すべきなのです。

米国ラッシュ大学のロバート・ウィルソンは、平均75・4歳の851名を、5年ほど追跡調査してみました。その5年間で164名が亡くなったのですが、**亡くなった人には、「怒りを表現せず、怒りを心の中にため込みやすい」タイプという共通点がある**ことがわかりました。

怒りを感じたら、表現しましょう。

兼好法師は『徒然草』の中で、「おぼしきこと言わぬは、腹ふくるるわざなり」と書いています。

思ったことを口に出さないと、お腹の中に何かが残っているように感じて気持ち悪いという意味です。

何か思うことがあれば、どんどん相手に伝えたほうがよいでしょう。相手が親しい友人や配偶者であってもそうです。気になる点は、お互いに改善していかないと、将来的にも楽しくお付き合いができませんから。

もちろん、言い方には気をつけなければなりませんよ。不満や愚痴を感情的にぶつけるのではなく、できるだけ落ち着いた話し方で、「改善してもらえればどれだけ自分が嬉しいか」ということを理解してもらうようにするのです。

穏やかに話せば、相手もきっとわかってくれます。

遠慮なく、自分の考えや感情を相手に伝えましょう。怒りをため込んで、ずっとムカムカしているよりは、伝えたいことをきちんと伝えたほうがはるかに建設的ですし、心理的にも健康でいられます。

挨拶で長生きできる

いつでも大らかな気持ちでいて、他の人とぶつかり合うことのないようにしましょう。だれにでも笑顔を見せ、人当たり良く接するようにしましょう。

私たちの悩みの多くは、人間関係にかかわるものです。なので、人当たりの良さを磨くように心がけていれば、だれとも衝突することがなくなり、人間関係でのストレスを感じることもありません。そういう人は当然ながら長生きもできます。

米国ハーバード公衆衛生大学院のローラ・クブザンスキーは、1975年時点で、一度も冠状動脈心臓病になったことがない1759名の男性に、どのような人付き合いをしているのかを教えてもらいました。

それから20年後にフォローアップしてみると、323名は冠状動脈心臓病になっていたのですが、**発症した人について調べてみると、人付き合いがあまりうまくできていないという共通点がある**ことがわかりました。

人付き合いがうまくできないと、そのストレスによって心臓がキリキリしてしまいます。それが心筋梗塞や心臓発作につながるのです。

では、どうすれば人当たりの良い人間になれるのでしょうか。

すぐできる、もっとも**簡単な方法は、自分からどんどん挨拶すること**です。

だれに出会っても、「おはようございます！」「こんにちは！」と明るい声で挨拶をすることを心がけてください。世間話などしなくてもかまいません。「それだけ？」と思う人もいるでしょうが、明るく挨拶するだけでいいのです。挨拶をするだけでも、人付き合いはけっこううまくいってしまうものですからね。

私たちは、自分に対して挨拶をしてくれる人のことを、好きになることはあっても、決して嫌いにはなりません。挨拶をしてもらうと、自分の存在を認めてくれているように感じて、嬉しいのです。

普段から、だれにでも挨拶をするようにしてみるだけでも、あなたの印象はガラリと変わって見られるものです。

外食をしたときには、何も言わずにお金を払って立ち去るのではなく、「ごちそうさまでした」と挨拶するようにしましょう。コンビニで買い物をするときにも、店員さんには「ありがとう」とお礼を言いましょう。

「たかが挨拶一つで、何が変わるのか」と思われるかもしれませんが、どんなときでも、どんな人に対しても挨拶するようにしていると、人当たりの良さもアップします。

そして人当たりの良い人になっていくと、だれとでも親しくお付き合いすることができるようになります。人付き合いで問題を抱えることも少なくなり、いつでも幸せな気分でいられるのです。

女性的な人になると寿命が延びる

厚生労働省の「簡易生命表」（令和4年）によると、2022年の**日本人の平均寿命は男性が81・05歳、女性が87・09歳**。だいたい女性のほうが6年ほど長生きだということがわかります。

ここで、一つ疑問がわきます。

「たいていどこの国でも女性のほうが、男性よりも圧倒的に長生きだ。ということは、男性だって、性格的に女性的な人なら、女性と同じように長生きできるのではないか？」

スウェーデンにあるエレブルー大学のパメラ・マクスソンは、まさしくこのような疑問を抱き、この仮説を検証することにしました。

すると、まさにマクスソンの仮説通りで、生物学的には男性であっても、**性格的に女性的な男性は、女性と同じように長生きするという傾向が確認できた**のです。

では、女性的な性格とは具体的にどういうことでしょうか。

男性的な性格と対照して考えてみるとわかりやすいでしょう。

○攻撃的にならず、寛大な気持ちで人に接する
○競争的にならず、相手に勝ちを譲ってあげる
○冷酷でなく、愛情を持って付き合う
○自己中心的にならず、相手の立場で共感的に考える

だいたいこのような感じになるでしょうか。こういう性格なら、男性であっても女性と同じように長生きできるのです。

女性的になるのは、そんなに難しいことでもありません。

だれに対しても親切に、やさしい気持ちを持って接するように心がけるだけです。

先ほど、「人当たりの良い人になりましょう」というアドバイスをしましたが、愛想《あいそ》をよくするというのは、まさしく女性的といってよいでしょう。男性でも、愛想をよくするように心がけて生活していれば、そのうち女性的な愛情、女性的な思いやりの能力も磨かれていくものです。

ワガママで、自己中心的な考えをしたり、そのような振る舞いをしていることに気づいたら、「いかん、いかん、これでは長生きできなくなってしまう！」と自分に強く言い聞かせるようにしましょう。できるだけ愛情を持って人に接するようにしてください。

男性でも、長生きをしている人をよく観察してみると、本当に愛想のいいおじいちゃんばかり。愛想のよさはとても大切なのです。

話が短い人は好かれる

若者は、お年寄りとおしゃべりするのをあまり好みません。

理由は、お年寄りの話は回りくどくて、冗長だから。あるいは同じ話ばかりをしようとするからです。

したがって、ある程度の年齢になったら、人とおしゃべりするときには、なるべく簡潔に話すように心がけなければなりません。相手をうんざりさせてしまう話し方をしていたら、敬遠されてしまいますからね。

米国カリフォルニア州にあるクレアモント大学院大学のローリー・ジェームズは、20名の若者（平均19・4歳）と、20名の年配者（平均73・1歳）のグループに、まったく同じ写真を見せ、その写真に映っているものを口頭で説明してもらいました。

説明する際に使用した単語数を測定したところ、次のグラフのような結果になりました

【図６】写真の説明をする際にかかる単語数

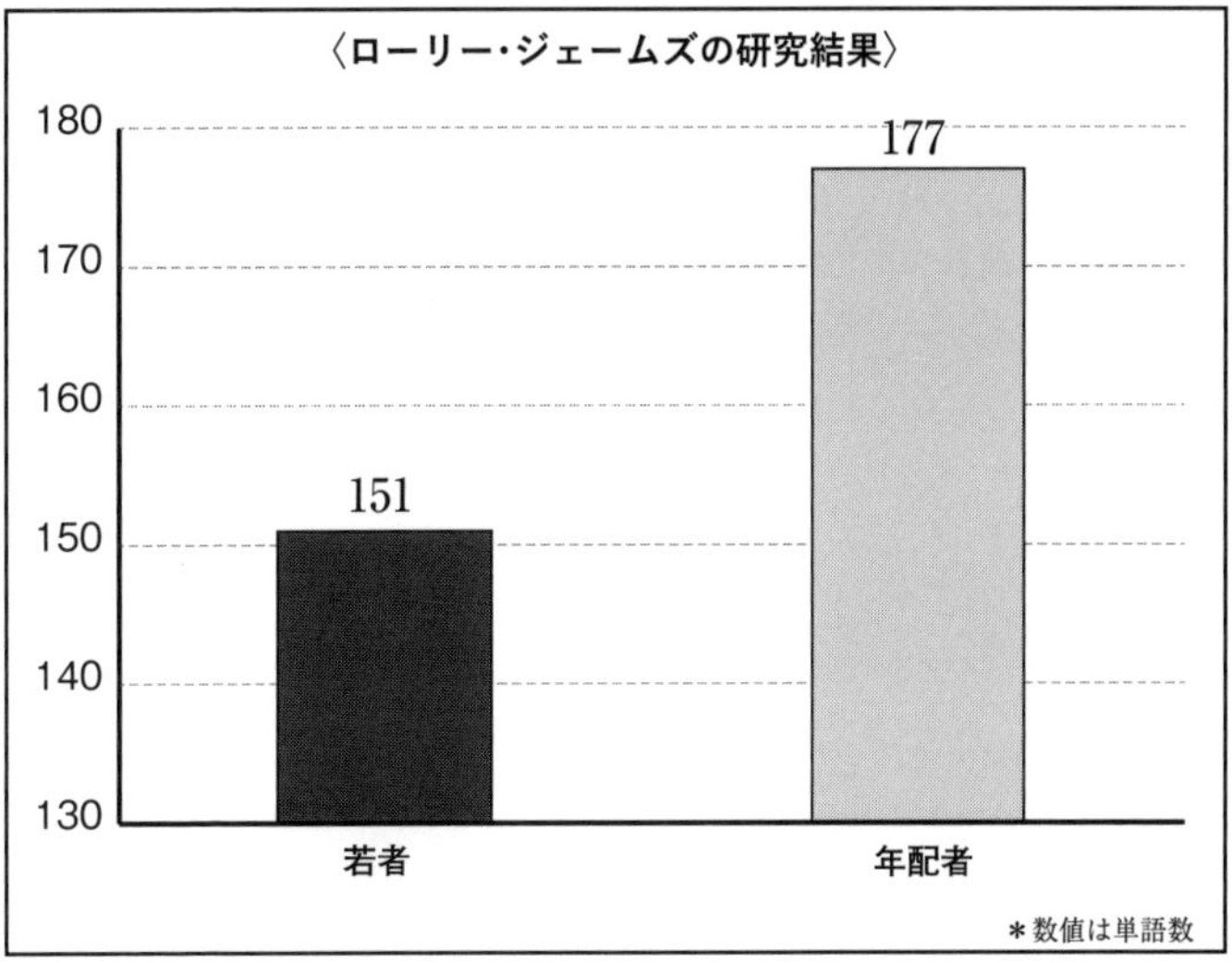

（図6）。

同じものを説明する場合、年配者ほど冗長なのがわかりますね。**若者は151語**で説明を切り上げるのに対して、**年配者は177語**ですから。

また、ジェームズは、個人的なテーマ（家族のことなど）を指定して語ってもらい、どれくらい語るのかの単語数も測定してみました。

その結果、**若者は平均して201語**で話し終えたのに、**年配者は平均して489語**もしゃべりました。なんと2倍以上です。

しかもその語った内容を調べてみると、**与えられたテーマとはまったく無関係な内**

容がたくさん含まれていることもわかりました。

歳をとってくると、どうしても話が長くなってしまう傾向があります。

私は小学校のときの朝礼で話す校長先生の話が大嫌いでした。とにかく長く、話題もあちこちに飛んで、聞いているとすごく疲れたからです。

おそらく読者のみなさんにも同じような経験があるのではないかと思います。

年配者の長話でうんざりした経験があるのなら、せめて自分だけは歳をとってからは若者をうんざりさせないよう、できるだけ簡潔に話すクセをつけましょう。

話は、短ければ短いほどよいのです。

長くなれば長くなるほど、何を言いたいのかが、相手にも伝わりにくくなります。

ある程度の年齢になると、職場や冠婚葬祭の場面でスピーチをする機会も増えてくると思いますが、できるだけシンプルかつ短い時間で、というルールを守るといいでしょう。

「話は長いし、よくわからない」と陰口を言われないように心がける必要があります。

話の長い人を好きになる人はいません。

人に好かれたいのなら、とにかく短く絞った話をするのがおすすめです。

知らない人にも気軽に話しかけてみる

社交的な人ほど毎日を楽しく過ごすことができます。

人間関係は、時としてストレスをもたらすこともありますが、**基本的には「楽しい」ものだから**です。

いつでもハッピーでいたいのなら、自分からどんどん話しかけるようにしましょう。自分とは直接かかわりのない人でもかまいません。職場なら、警備員さん、他部署の人、出入りの業者の人たちなど、**自分とはあまり仕事でかかわりのない人にも積極的に声をかける**のです。

米国シカゴ大学のニコラス・エプレイは、とてもユニークな実験をしたことがあります。イリノイ州のホームウッド駅を利用している97名の通勤客にお願いして、たまたま乗り合わせた知らない人に勇気を出して話しかけてもらったのです。

すると、**知らない人が相手でも平均して14・2分も話すことができました。**

また、話しかけた感想を聞いてみると「とても楽しかった」とか「とても幸せで気持ちがよかった」というポジティブな答えが多く返ってきたのです。


まったく自分とは無関係な人でも、おしゃべりしてみるのは楽しいことです。

知らない人に話しかけるのは勇気が必要だと思う人がいるかもしれませんが、勇気など必要ありません。慣れです。知らない人に話しかけるような習慣が身につくと、相手が知らない人だからといって緊張することもなくなりますし、ごく自然な会話ができるようになります。これはだれでもそうなのです。

「知らない人にいきなり声をかけたら、不審者だと思われてしまうのでは？」と心配する人がいるかもしれませんが、そんなこともありません。なにしろ、ほんの一言、二言、話しをするだけでよいのですから。

公園でワンちゃんを散歩している人を見かけたら、「かわいいワンちゃんですね」と声をかけましょう。エレベータで知らない人と乗り合わせたときにも、「今日はすごく寒いですよね」と声をかけましょう。ほんの一言でかまいません。

その一言でさえハードルが高いというのだったら、挨拶をするようにしましょう。向こうからやってくる人とすれ違うときには、「こんにちは」と声をかけるのです。挨拶だけしてそのまま通り過ぎてかまいません。また、相手から挨拶が返ってこなくても気にしないように。知らない人に声をかけるトレーニングをしているのだと割り切って挨拶をするのです。

相手が知らない人でも、軽くおしゃべりしてみるのはとても幸せな感情を引き出してくれますから、どんどん話しかけるようにするのが毎日を楽しく暮らすコツです。

人当たりの良さは、他の人にも影響する

だれに対してもやさしさや愛情を持って接するようにすると、自分も気持ちよくなるばかりでなく、一緒にいる人まで幸せな気分にします。**人当たりの良さは、周囲にどんどん波及するもの**なのです。

お年寄りになると、他の人にいろいろと世話を焼いてもらわなければならなくなります。介護経験のある人ならおわかりだと思うのですが、お年寄りの介護はものすごく**重労働ですので、そのストレスは相当なもの**です。

時折、テレビのニュースを見ていると、介護施設でスタッフがお年寄りに虐待をしていることが明るみに出ることがあります。

多くの人は、虐待をするスタッフが非人間的で冷たくて残酷な人だと思うかもしれませんが、私はむしろスタッフに同情します。**お年寄りの世話をするのは本当に大変**ですので、ストレスやイライラが募り、つい手が出てしまうこともあるのだろうなと思うのです。

「介護疲れ」という言葉もあります。

配偶者の面倒を見ている人は、最初こそ頑張ってお世話をするのですが、それがつづくと**どうしようもないほどに疲れてしまう**のです。

とはいえ、介護をする人をそんなに疲れさせない人もいます。

それは、人当たりの良い人です。

米国コーネル大学のキャサリン・リッフィンは、介護をしている人と、その介護を受ける人の312組について調査し、**介護を受ける人が人当たりの良い人だと、介護をする人も心理的、身体的に健康でいられる**という報告を行っています。

人当たりの良い人は、自分が介護してもらうのは当然、という顔をしません。介護をしてもらう人にいろいろと助けてもらっていることに感謝し、きちんとお礼を言います。

「いつもすまないね、本当にありがとう」

「ものすごく助かるよ、ありがとう」

「なんだか嬉しくて、涙が出ちゃうな」

そういう感謝の言葉を日頃から忘れません。ですので、介護をする人も嬉しくなり、そんなに疲労を感じないですむのです。

飲食店にやってくるお客さまもそうです。「私は客なんだぞ」という態度を見せる人より、「ごちそうさまでした。本当においしかったです。また来ますね」と店員さんにきちんとお礼を言うお客さまのほうが、店員も嬉しいでしょうし、「次回には、ちょっとサービスしてあげようかな」とも思うのではないでしょうか。

一口に「人当たりの良さ」といっても、具体的に何をしたらよいのか、よくわからないと思いますが、一言でいえば、**感謝とお礼**。

「ありがとう」という言葉をとにかくたくさん言うようにするのです。そうすれば、だれでも人当たりの良さを磨くことができます。心の中で感謝しているだけでは相手に伝わりませんから、「ありがとう」ときちんと声に出して相手に伝えましょう。

認知症の人には、赤ちゃんだと思って接する

認知症の人に接するときには、「この人は赤ちゃんなのだ」と思って接したほうがよいでしょう。そのほうが、何をされても腹が立ちません。**「いい歳をした大人」だと思うから腹が立ってしまう**のです。

米国フロリダ大学のヒオコーン・アーンは、65歳以上の5万6577名の認知症患者について調べたところ、認知症になると、痛みをうまく伝えることができなくなるため、怒ったり、暴れたりすることで「痛みがある」と表現することを明らかにしました。**認知症になると、自分の気持ちを相手にうまく伝えられません。**

そのため、大声で喚《わめ》いたり、暴れたりするのです。

赤ちゃんもそうですよね。赤ちゃんは、まだ言葉というものを知りませんので、「お腹が空いた」とか「オムツを取り替えてほしい」ということを伝えられません。赤ちゃんに

できることといったら、大きな声で泣いたり、手足をバタバタさせたりすることくらい。

もし配偶者が認知症になってしまったら、赤ちゃんだと思ってください。

そう思って接すれば、大きな声を出されても、洋服を脱ぎ散らかしていても、「まあ、しかたないか」と許してあげることができます。

赤ちゃんが泣き喚いたからといって、そのたびに赤ちゃんを責める人はいませんよね。

認知症になってしまった人も同じ。

脳の萎縮により、言語機能がうまく働かなくなると、口ではうまく表現できなくなり、赤ちゃんと同じようなことしかできないのはしかたがありません。

認知症の人と付き合うときには、「自分もそのうち、こうなるのだから」と考える作戦も有効です。「自分だって、そのうちにこうなる」と思っていれば、かりに配偶者や家族が認知症になってしまっても、そんなに腹も立ちません。人間ならだれでも通る道なのだと思っていると、寛大な態度で接することができるのです。

接する機会が増えれば、偏見も減る

かつての日本の世帯では、大家族が主流でした。

祖父母・夫婦・子や孫の3世代が一緒に生活していたのです。身近な環境にお年寄りがいましたから、お年寄りに対しても偏見などはありませんでした。ところが今は違います。

核家族が増え、子どもたちはお年寄りと接点がなくなってしまいました。

こうしてお年寄りとの触れ合いが減った結果、今の人たちは何となく「お年寄りは汚いもの」「できれば避けたいもの」といった偏見を持つようになってしまったのです。

なので、お年寄りへの偏見をなくしたいのなら、できるだけ若いうちからお年寄りと接したほうがよいと思います。触れ合う機会が増えれば増えるほど、おかしな偏見など抱かなくなります。

オランダ学際人口研究所（ＮＩＤＩ）のケニー・ヘンケンスは、３４３３社で調査を行い、**業務で年配の人と頻繁に接する人ほど、お年寄りに対しての偏見が小さくなる**という結果を得ています。

頻繁にお年寄りと接している人は、**「お年寄りはテクノロジーに弱い」「お年寄りは生産性が低い」といった偏見を持たなくなる**のです。

外国人や障碍《しょうがい》者、異性などに対する偏見も同様です。偏見をなくすには、相手に対して自分からどんどん話しかけることです。**接触が増えるほど、偏見も減ります。**

米国シアトル・パシフィック大学のマーガレット・ブラウンは、サービス・プロジェクトの一環として、大学生たちをホームレス支援シェルター、介護施設、ホスピス施設などに送り込み、9週間アルバイトをしてきてもらいました。

するとどうでしょう、**偏見を持たれやすい人たちと実際に触れ合う機会が増えた学生たちは、9週間後にはおかしな偏見を持たなくなった**のです。

偏見をすぐに改めるのは難しいのですが、自分が偏見を抱いている人に自分からどんどん触れ合いを求めるようにすると、少しずつ偏見をなくすことができるでしょう。

援助をすると自尊心が高くなる

援助は受けるのではなく、与えるほうがいいです。

なぜなら、**他人から援助を受けていると、自尊心が低くなってしまうから**です。ただ、本当に生活に困っているのなら、遠慮せず相談して援助を受けるべきですが。

お年寄りになると、援助を受ける機会が多くなります。しかし、一方的に援助ばかりを受けていると、「私はダメ人間だ」とか「私は無能だ」と感じやすくなります。

そのため、できる範囲で、援助を受ける側より、与える側になったほうがよいのです。

米国ミシガン大学のジャージー・リャンは、65歳以上の1103名について調べ、**他の人から援助されるより、自分が援助する側の人のほうが、自尊心が高くなる**という結果を得ています。なるべく他の人の世話にならないほうがよいのです。

自分で何もしないのは、たしかにラクですよ。

しかし、ラクばかりしていると、活力がどんどんなくなってしまうということも覚えておいてください。

米国イェール大学のジュディス・ロディンは、とある老人介護施設にお願いして実験をさせてもらいました。

もともとこの施設では、スタッフが何でもやってあげていました。入居者のお年寄りは、ただサービスを受けるだけ。ところが、至れり尽くせりのサービスをしているのに、なぜか死亡率も高かったのです。

ロディンはそこで方針転換をしてみました。スタッフが何でもするのではなく、入居者のお年寄りには、「**自分でできることは、自分でやってもらう**」ことにしたのです。自分で着替えることができる人には着替えてもらい、水やりができる人には施設内の植木に水やりをしてもらうようにしたのです。

するとどうでしょうか、入居者たちは、お互いによくおしゃべりするようになり、頻繁に笑うようになり、元気に歩き回るようになったのです。死亡率も下がりました。

自分でできることは、自分でやってしまうほうがいいのです。

他の人のサポートばかり受けていると、無気力になり、自信もなくなり、元気も出なくなってしまいますから。


もし身体が自由に動くのであれば、料理を作ってもらうばかりではなく、自分で料理を作ってみましょう。だれかに買い物をお願いするのではなく、自分で買い物に出かけてみましょう。そのほうが毎日の生活も楽しくなってくるはずです。

「私はもう歳をとったのだから、他の人にやってもらいたいな」と思うのは間違いです。

歳をとったら、むしろ他の人の分まで自分が何かをしてあげられるようになってください。

そのほうが長生きもできます。

孫と遊ぶ

たいていの人は、子どもは厳しくしつけるくせに、孫にはとても甘いものです。

そのためでしょうか、孫は親よりも、おじいちゃん、おばあちゃんのほうが好きなことがよくあります。

もしお孫さんがいらっしゃるのであれば、ぜひ孫と一緒に遊びましょう。

孫がニンテンドースイッチを持っているのなら、自分も操作を覚えて孫と遊ぶようにしてみてください。

自分は田舎に住んでいて、孫が都市部に住んでいるのなら、孫が里帰りした際には田舎の遊びも教えてあげるといいですよ。川遊びや木登り、昆虫採集、竹馬、あやとりなど、今の子どもたちがあまりやったことのない遊びを教えてあげましょう。

ドイツ老人学センターのカタリーナ・マーンは、平均74歳のお年寄り990名の調査から、**孫と少しでもかかわりのある人ほど、幸福を感じて心理的に健康である**という結果を得ています。

最近は、テクノロジーの進歩によってリモートで孫と話をすることもできますので、まことにありがたい時代です。遠く離れて暮らす孫の顔を見ながら、やりとりするのはそう難しいことではありません。

新しい機械の操作を覚えるのは面倒だと感じる人も、「孫とやりとりができる」というご褒美があればどうでしょうか。「それなら、覚えてみようかな」というモチベーションも高まるのではないでしょうか。

人間は、何歳になっても必要なことなら、いくらでも覚えられるものです。

孫は、自分の親には相談できないことでも、祖父母にならホンネを打ち明けてくれることが少なくありません。人生の先達として、相談に乗ってあげるとお互い嬉しくなります。

定年を迎えても、お孫さんに何か買ってあげたいので、週に何回かは働いてみようと思うのもよいかもしれませんね。仕事をつづけるモチベーションにもなりますから。

第5章

ネガティブ思考を吹き飛ばす心理術

悲観するのをやめる

私たちは預言者ではありませんから、将来がどうなるのかなど、だれにもわかりません。

ところが、将来について考えると、悲観的なことばかりが頭に浮かんでしまう人がいます。

いわゆる**ペシミスト**（**悲観主義者**）です。

ペシミストは、たえず陰鬱《いんうつ》なことばかり想像してしまいます。

「どうせ私は長生きなんかできるわけがない」

「どうせ結婚なんてできない」

「どうせお金持ちにはなれない」

だいたいこんな感じの思考をとりがちですが、物事を悲観的に考えても、いいことは一つもありません。

米国ピッツバーグ大学のリチャード・シュルツは、２３８名の放射線治療を受けているがん患者を8か月間にわたって調査してみました。

その8か月の調査期間中に、70名は亡くなりましたが、**死亡にもっとも影響する要因を調べてみると、悲観主義**でした。

「がんになったら、助かるわけがない。私の人生は終わり」などと将来を悲観するがん患者ほど、実際に亡くなっていたのです。

どうせ考えるのなら、「がんになっても助かる人はいくらでもいるのだし、自分もその一人だ」と明るく考えたほうがいいですよ。


悲観していると、それが望ましくない未来を引き寄せてしまうからです。

「試験に合格するわけがない」と思っている受験者は、本試験で落ちてしまいますし、「相手は格上だから、自分は勝てない」と思っているスポーツ選手は、実際の試合でも勝てないでしょう。

私たちの未来は、自分がどのように考えるかによって変わってくるものです。

明るい未来を想像していれば、明るい未来がやってくるものですし、悲観的な未来を空想していると、本当に悲観的な結果になってしまうものです。
自分で自分の首を絞めるようなことをしてはいけません。

悲観的なことが頭に浮かびそうになったら、「危ない、危ない、そんなことを考えていると、本当に悪い未来がやってきてしまうぞ」と自分に言い聞かせ、少しでも明るいことを考えるようにしましょう。

心配事や不安は、「反論」で打ち消す

不安は私たちの寿命を縮めます。

オーストラリアのシドニー大学のクリストファー・テナントは、1980年～2000年までに発表された論文で、冠状動脈性心臓病に影響する要因を調べてみました。

その結果、**もっとも影響のある要因は、不安や心配事**でした。

「老後の生活は大丈夫だろうか？」

「いつまで健康でいられるのだろうか？」

「いきなり心臓発作が起きたらどうしよう？」

そんなことばかり考え、不安な生活を送っていると、心臓に余計な負担をかけてしまうことになりますので要注意。

では、どうすれば不安や心配を払拭《ふっしょく》できるのかもお話ししておきましょう。

効果的なのは、**不安や心配を感じていることに、どんどん「反論」をぶつけていく方法**です。この方法は、オーストラリアにあるタスマニア大学のテッド・トンプソンによってもその有効性が確認されています。

トンプソンは、心理テストで心配性、あるいは悲観主義的と判定された人を集めて、4週間の反論トレーニングを受けてもらいました。自分が不安に思っていることに、どう反論すればよいのかを教えたのです。

たとえば、健康に不安を抱えている人には、次のような反論を教えました。

「俺は、定期的に運動しているじゃないか」

「私は、食事にも気をつけているよね？」

「両親だって、元気にピンピンしているじゃないか」

健康上の不安が頭に浮かぶたびに、このような「反論をぶつけていくトレーニング」を実施した人は、再度実施した心理テストで、**悲観的な傾向が大幅に減少する**ことがわかりました。

健康面だけでなく、人間関係や金銭面での不安があるなら、それに対する反論を準備しておくと安心です。

自分ひとりでは、反論のセリフが思い浮かばないようなら、親しい友人や家族にも手伝ってもらって、セリフを考えておきましょう。

反論のセリフを集めるときには、一つだけでは心もとないので、せめて10個、**できれば20個ほどは用意しておく**と万全です。

「これは自分でも使えそうだな」と思うセリフや文章を紙でもスマホでもメモしておき、不安なことを考えてしまうたびに、そのメモを見ながら反論してみるのもよいアイデアです。

少しずつではあっても、不安は払拭されていきますよ。

大きすぎる夢は、さっさと諦める

夢を持つことは、いいことです。

しかし、自分の力だけでは、その夢をかなえることができそうもないとき、人は無力感や絶望を感じてしまいます。

努力すれば、「自分でも手が届きそうだな」というレベルの夢を追い求めるのはかまいませんが、もし大きな夢を持っているのなら、**早々に諦める**のも一つの作戦です。「もうやめた！」とすっぱり諦めると、むしろ心が晴れ晴れとして新しいチャンスがくるものです。

いつまでも夢をかなえようとしていると、幸せになれないのです。ある程度で見切る必要があります。

カナダにあるコンコルディア大学のカーステン・ロッシュは、**達成不可能な目標については、さっさと諦めてしまったほうが、抑うつ症状や、悲嘆などのネガティブ感情が少な**

くなるという研究結果を報告しています。

いつまでも大きな夢に執着して手放さなかったら、どうなるのでしょうか。おそらくその人は、ずっと苦しい人生を歩みつづけなければならなくなってしまいます。

現実的には、**大きすぎる夢はさっさと諦める**のが正解です。

自分の手で届きそうな、ささやかな夢が精神的にはよさそうです。

ささやかな夢でも、達成できれば、「やったぁ！」と飛び上がるほどに嬉しいはずです。夢が叶ったら、次にまた少し頑張れば手が届きそうな新しい夢を見つければいいのです。

もちろん、生活が安定して時間や経済的に十分な余裕ができたら、昔の夢を引っ張り出してくるのも悪くありません。

学生時代ミュージシャンになりたかったのなら、シニアのバンド活動を再開してみるとか、漫画家になりたかったのなら、ネット上で作品を公開したり、同人誌を作ってみるのも、面白いと思いますよ。趣味つながりで、幅広い世代とも交流ができますから。

動物と暮らしてみる

もし動物の世話をするのが苦にならないのなら、ぜひ動物を家族に迎えてみてください。動物との触れ合いには、癒《いや》しの効果があるからです。

読者のみなさんは、あまり聞いたことがないかもしれませんが、心理療法（セラピー）の一つに「アニマル・セラピー」というものがあります。その名の通り、単純に動物と触れ合うというセラピーなのですが、そういうセラピーが存在するということからも、動物には癒しの効果があることがわかります。

お子さんやお孫さんが遠くに住んでいて、孤独を感じるような人に動物と一緒に暮らすことはおすすめです。動物がいるだけで、心が癒されるでしょう。

米国ニューヨーク州にあるブルックリン大学のエリカ・フリードマンは、心筋梗塞《しんきんこうそく》と狭心症で集中治療を受けた92名を、1年後に調査してみました（**図7**）。

【図７】動物を飼っている人、いない人の生存率

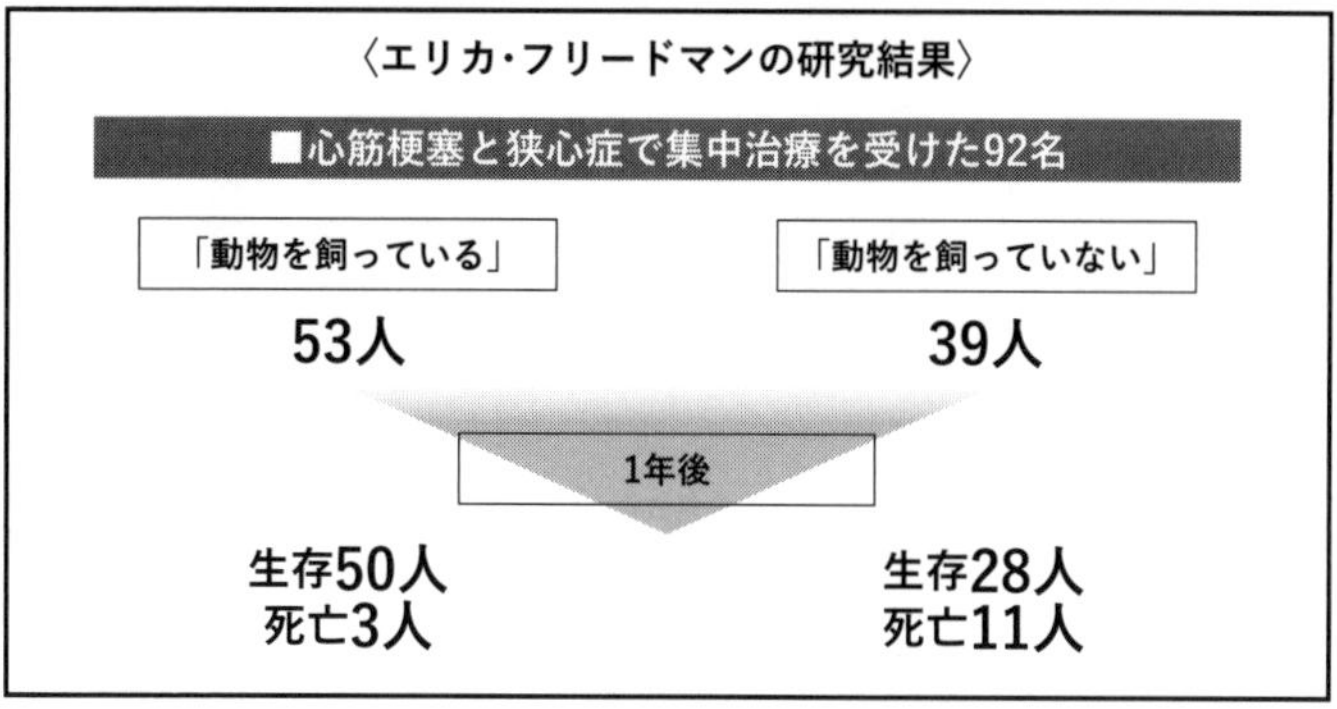

フリードマンは、動物を飼っている53人と、動物を飼っていない39人を比較してみたのですが、動物を飼っているグループでは53人中50名が1年後でも元気でした。死亡者はわずか3人です。

動物を飼っていない人は、39人中28人が生存していましたが11人が死亡していました。**動物を飼っている人のほうが、明らかに生存率は高くなる**のです。

歳をとるのを待たなくとも、毎日大きなストレスを感じているような人も、やはり動物を飼ってみるとよいでしょう。

きちんと世話をしてあげると、動物はとてもよく懐《なつ》いてくれます。そういう動物がいると、心がとてもなごみます。昼間のストレスも、自宅に戻れば動物が完全に癒してくれます。

自宅で動物と暮らすことに抵抗があるのであれば、猫カフェのようなところに行ってみるのもいいですね。猫をやさしくなでていると、猫も気持ちがよいでしょうが、こちらの気分もよくなります。猫よりもワンちゃんのほうが好きなのであれば、犬カフェでももちろんかまいません。

俗に「動物が好きな人に悪い人はいない」といいますが、実際に何らかの動物を飼っている人のほうが、性格も穏やかであるような印象を私は持っています。動物に愛情を注げる人は、人間にはもっと愛情を持てるものです。

動物と一緒に暮らすのは、なかなか世話が大変だったりしますが、それ以上の喜びを得ることができますので、トータルで見ると明らかにメリットのほうが大きいのです。

少しだけダイエットしてみる

歳をとってくると、外見を気にしなくなります。

若い頃と違って異性にモテたいという欲求もあまり感じませんので、太っていてもそんなに気にならないのです。

ですが、好きなものを好きなだけ食べていたら肥満になるので注意が必要です。

肥満になると、運動不足になりやすく、身体のあちこちに問題が出てきてしまいます。

メンタルにも悪影響を及ぼし、**肥満になると、うつ病にもなりやすくなる**そうなのです。

中国にある華中科技大学のアン・パンは、54〜79歳までの6万5955名の女性について、「うつだから肥満になる」のか、それとも「肥満だからうつになる」のか、1996〜2006年まで調査してみました。

その結果、「太っているとうつになりやすい」ケースと、「うつになるとたくさん食べて運動もしなくなるので肥満になりやすい」ケース、どちらの因果関係も確認されました。

歳をとってきたからといって、「もう外見を気にする歳じゃないし、肥満でもいい」という考えは危ない兆候です。異性にモテる必要はないでしょうが、気分が抑うつ的になってしまうのはよくありません。

米国リチャード・ストックトン大学のデビッド・レスターは、調査した70名の**肥満者のうち、32％がひどい抑うつに悩まされていて、23％が自殺のリスクを抱えている**ことを突き止めています。

ひょっとすると、ネガティブ思考の人は、肥満が原因だとも考えられます。少しだけダイエットしてスリムになれば、不安や悲観的な考えを抑制できるかもしれません。

太っていても、よいことはあまりありません。

適度な運動や腹八分の食事を心がけていれば、それほど肥満になることもありませんので、正しい生活習慣を若いうちから身につけておくとよいでしょう。

「地中海式食事法」で、うつ病のリスクを減らす

ギリシャやイタリア、スペイン、モロッコなどの**地中海沿岸の国では、なぜか心血管疾患や糖尿病やガンなどにかかる人が少ない**ことで有名です。

理由はいろいろ考えられますが、大きな要因としては「食事」が考えられます。地中海沿岸の人たちは、伝統的に肉ではなく魚をよく食べます。また野菜や果物もたくさん食べます。こうした食習慣が、健康によいのでしょう。

スペインにあるラス・パルマス大学のアルムデナ・サンチェス＝ヴィレガスは、55〜85歳の男性と60〜80歳の女性、合計3923名に、「**地中海式食事法**」を実践してもらいました。具体的には、**魚と野菜、果物、豆類、ナッツなど**をたくさん食べてもらったのです。

すると、**食習慣を地中海式にすると、うつ病のリスクが減らせる**ことがわかりました。健康的な食習慣を身につけると、うつにならずにすむのです。

今はうつ病ではない人も、将来的なうつ予防にもなりますから、ぜひ魚と野菜をたくさん食べるように意識してみてください。高脂肪の肉を絶対に食べてはいけないとまでは言いませんが、極力控えてみてはいかがでしょう。

悲観的なことばかり考えてしまう人は、ひょっとすると魚や野菜をあまり食べていないことが原因の一つなのかもしれません。

また、**「地中海式食事法」は、うつ病の予防だけでなく、糖尿病や脂質異常症の予防にもなる**ことも知られています。さらに、肥満予防にも効果的です。

スリムな体型を維持できるというのも、ありがたいことですよね。

魚や野菜、果物があまり好きではないという人がいるかもしれませんが、しばらく我慢して食べていると、そのうちに慣れてくるものですし、「おいしい」と感じられるようにもなります。

本書は栄養学の本ではありませんので、具体的な料理のレシピは紹介しませんが、興味がある人は「地中海式食事法」という単語で検索してみてください。

認知症の予防になる食生活

魚と野菜を中心にした食生活をしていれば、うつ病にもなりにくく、糖尿病や肥満も予防できるというお話をしました。

実は、魚と野菜のメリットはこれだけにとどまりません。

私たちの認知機能にも好ましい効果をもたらしてくれることもわかっているのです。

米国ラッシュ大学のマーサ・モリスは、1週間で魚を食べる頻度で、3つのグループにわけました（**図8**）。それからすべての人の認知機能の衰えを測定してみると、1週間に一度も魚を食べない人より、1回は食べる人のほうが認知機能の衰えを10％遅らせることができ、1週間に2回食べる人は、13％遅らせることがわかりました。

魚を食べていると、認知機能、すなわち記憶力も、判断力も、そんなに低下しなくなるのです。

【図８】魚を食べると、認知機能はどうなるか？

〈マーサ・モリスの研究結果〉

１週間で魚を食べる回数	認知機能の衰え
0回…1583名	（一度も魚を食べない人と比較して）
1回…1351名	10％遅らせる
2回…782名	13％遅らせる

ドイツにあるハインリッヒ・ハイネ大学のクリスティナ・ポリドリは、45～102歳の193名にどれくらい野菜や果物を食べるかを尋ねて、「たくさん食べる」グループと、「あまり食べない」グループにわけて、それぞれの認知機能の差を調べてみました。

その結果、**1日に350g以上の野菜や果物を食べるグループのほうが、1日に100g以下のグループに比べて、認知機能の低下は少なかったのです。**

認知症の予防に、魚と野菜を中心にした食生活を意識することをおすすめします。

ランチの際には、「今日はハンバーグ定食じゃなくて、サバの味噌煮にするか」と、気軽に取り入れてみてくださいね。

レジリエンス（耐性）を鍛える3つの方法

困難な状況や逆境にあっても、**「耐え抜く力」**のことを、心理学では「レジリエンス」と呼んでいます。「耐性」や「再起力」、「回復力」など、いろいろな訳語があります。

カナダにあるコンコルディア大学のリディア・マニングは、51〜98歳までの1万753名について、2年間での身体機能（入浴、着替え、食事の困難さなど）の衰えを調べてみました。すると、調査開始時点で**「レジリエンス」が高い人のほうが、衰えがあまりなく、身体的にも長く健康でいられる**ことを明らかにしています。

では、**レジリエンスはどうやって鍛えればよいのでしょうか。**

1つめは、**「人生に目的や意味を感じる」こと。**

生きていくにあたって、何かしら自分なりの目的があると、レジリエンスは高くなります。目的や目標は何でもかまいませんので、「資格をとりたい」、「海外に旅行してみたい」、「英語をマスターしたい」、「結婚したい」など、何かの目的を持つようにしましょう。

ただ漫然と生きているだけでは、レジリエンスは鍛えられません。


2つ目は「**ユーモア・センス**」。

ユーモア・センスのある人は、レジリエンスも高くなる傾向があります。どんな逆境にあっても、「いやぁ、まいった、アハハ、でも面白いな」と逆境すら面白がるようにするとよいでしょう。

辛い状況にあっても、まるでゲームをしているときのように面白いと思えれば、辛いと感じずにやり過ごすことができます。自分の会社が倒産しても、交通事故に遭っても、これは貴重な経験だと明るく受け止め、不幸な自分を笑い飛ばせるくらいになりたいものです。


3つ目は、「**自信を持つ**」**こと**。

どんなにひどい状況でも、「自分なら何とかできる」と信じてください。困難にぶち当たったときでも、「自分なら大丈夫」と自分に言い聞かせるようにするのです。どんな状況でも、「大丈夫、大丈夫」と声に出していると、本当に大丈夫なような気がしてきます。

レジリエンスというのは、複数の要因から成り立つ概念なのですが、以上の3点を心がけるようにすれば、だれでもレジリエンスを鍛えることができます。

有酸素運動を取り入れる

毎日、数分間でもかまいませんので運動する習慣を身につけましょう。

米国ピッツバーグ大学のカーク・エリクソンは、120名の年配者に週に3回ほど、エアロビ運動をしてもらいました。

エアロビ運動というのは、エアロビクスのダンスが有名ですが、別にダンスでなくとも大丈夫です。**筋肉への負担が比較的軽い、有酸素運動のことをエアロビクスと呼びます。**具体的には、軽めのウォーキングなどでもよいと思います。

さて、**運動をするようになった年配者の脳を調べてみると、海馬の体積が2%増えること**がわかりました。海馬は、主に記憶などを司る領域のことですので、記憶力がアップしたと考えてよいでしょう。

運動をしていれば、脳も活性化して、ボケにくくなります。

外出が苦手と感じる人は、ヨガはいかがでしょうか。自宅でも簡単にできます。

オーストラリアの健康コンサルタントのジョナサン・ハルパーンは、60歳以上で、不眠症に悩む人を募集し、参加してくれた57名には、12週間のヨガコースを受けてもらいました。26名はコントロール条件に割り振り、特に何かをしてもらうこともしませんでした。

その結果、**ヨガを習った人たちは**、コントロール条件に比べて、**睡眠の質が向上し**（ぐっすり快眠できるようになった）、しかも**睡眠の長さも改善**されました。さらに、**うつも減り、疲労も感じにくくなる**ことも明らかにされました。

ヨガは、身体を健康にするだけでなく、ストレスや不安も減少させてくれるのです。歳をとってくると、激しい運動はリスクを伴います。病気を予防しようとして、つい激しい運動をすると、「年寄りの冷や水」になって、かえってよくありません。

毎日、ストレッチやヨガをしてみてください。10分でも20分でも、少し身体を動かすと気持ちよく睡眠をとることもできますし、メンタルも上向きになります。

テレビ体操をしてみる

身体を動かすことはとてもよいことです。

積極的に身体を動かすようにすると、うつになりません。**身体を動かさないから、ネガティブなことばかり考えてしまう**のです。

人間も「動物」の仲間ですが、「動く生きもの」という意味ですよね。**動き回るのが自然な姿**なのであって、動かなくなると身体も心の調子もおかしくなってしまいます。

動物園にいる動物たちは、自然状態と違って限られた空間の中でしか動き回ることができません。そのためでしょうか、どの動物も何となく元気がなさそうに見えます。

カナダにあるシャーブルック大学のヘレン・パイエッテは、68〜82歳の1741名を3年間にわたって調べてみたところ、**身体機能が衰えてくると、うつになりやすくなる**ことがわかりました。

身体機能が衰えてしまうのは、身体を動かしていないからです。

機械もそうですが、使用中はあまり故障しませんが、しばらく使わずに放置しておくと、いつの間にか故障していきます。人間も身体も同じで、ずっと使っているほうが、かえって壊れにくいのです。

とにかく身体を動かしていればいいので、ガーデニングや釣り、散歩など自分が好きなことをやってみてください。イヤイヤする運動は長つづきしないので、楽しめるものを試してみましょう。

一番よくないのは、ずっと自宅のソファに座ってテレビを見つづけることです。

たまにトイレに立つ程度の運動量では、身体機能も落ちて心もうつになりやすくなります。

もし外に出ることに抵抗があるなら、**自宅で簡単にできるテレビ体操**があります。NHKで毎朝放送しているテレビ体操を見ながら、自宅で身体を動かしてみてください。

毎日、数分でも身体を動かしていると、身体機能の衰えは相当に抑制できます。身体を動かしているとうつになりにくく、ハッピーな気持ちで毎日の生活を送ることができるようになっていきます。

太極拳をしてみる

私がウォーキングに出かける公園では、年配の人たちが集まって太極拳をしています。非常にゆっくりと身体を動かすだけですので、「これなら年齢に関係なく、お年寄りにもよさそうだ」とずっと思っていたのですが、実際に太極拳はとても健康によいことを示す研究を見つけました。

米国マサチューセッツ州にあるタフツ大学のチェン・ワンは、「太極拳と健康」の関連性を調べた論文を40本も集め、メタ分析という手法で総合的に検証しています。

その結果、**太極拳はストレスを減らし、不安を減らし、抑うつを減らし、ポジティブな気分を高め、さらには自信を高める効果があった**そうです。

太極拳には、さまざまなメンタル・メリットがあるのです。

先ほど紹介したヨガもそうですが、太極拳もやはりお年寄り向けの有酸素運動です。

毎日、決まった時間にヨガや太極拳をする時間を作ってみると、早い人であれば、3週間ほどで習慣化されます。

最初は多少苦しくてやめたくなっても、しばらくつづけてみてください。合わなければ無理にする必要はありませんが、**一度習慣化してしまえば、逆に身体を動かさないと気分がのらないと感じる**ようになり、楽しく運動できるようになります。

ウォーキングを日課としている人が、大雨や大雪のために1日休むと、何だか身体の調子がおかしくて、モヤモヤした気分になるのと一緒です。

激しい運動は、ケガなどの恐れもありますが、太極拳にはそういう心配もありません。身体を動かせる空間さえあれば、いつでも、どこでも、だれにでも気軽に取り組める健康法ですので、ぜひチャレンジしてみてください。

「本当に効果なんてあるのかな？」と半信半疑の人がいるかもしれませんが、やってみればその効果をご自身で実感できます。私も試しにやってみましたが、ストレスも解消されますし、とても清々《すがすが》しい気分になりました。

第6章

100歳超まで
もっと楽しく
毎日を過ごすヒント

幸せ日記をつける

毎日、**自分に起きたちょっぴり幸せな出来事を、日記につけてみましょう。**題して「幸せ日記」。

自分が幸せだと感じられればよいので、ものすごく小さなことでかまいません。また、文章量もそんなにいりません。箇条書きでもけっこうです。

「とても混んでいる電車で、運よく座れたよ、ラッキー」

「ずっと探していた本を見つけちゃった、ハッピー」

「自動販売機でジュースを買ったら、一本当たり、ラッキー」

こんな感じで好きなように幸せな記録をつけるようにしてみてください。**たまには、まったく幸せなイベントに出会えない日もある**でしょう。

そんなときには、**「今日は、何事もなく過ごせることができたよ、ハッピー」**とでも書いておきましょう。

幸せ日記をつけるようになると、幸せなことを意識的に探そうとするようになります。

夜に一日の記録をつける習慣ができると、本当に小さなことに気づき、幸せを感じられるようになってくるのです。幸せなことが起きるたび、**ポジティブな感情（喜び、嬉しさ）を味わうことができるので、毎日が楽しくなってくる**でしょう。

第1章でも紹介しましたが、米国スタンフォード大学のローラ・カーステンセンは、3回の実験を行い、1日に5回、ランダムな時間にポケベルを鳴らして、そのときの感情の記録をとってもらいました。期間は1週間。実験参加者は1回目が184名、2回目が191名、3回目が178名です。

それから13年後にもう一度参加者にコンタクトをとり、生存しているかどうかを調べてみました。

その結果、**1日に何度もポジティブ感情を味わうことが多い人ほど、13年後での生存確率が高くなる**ことがわかったのです。

長生きをしたければ、いつでもポジティブな感情を味わうようにすればいいのです。

そのためのテクニックが、「幸せ日記」になるのです。

幸せ日記は、特に形式にこだわらなくてかまいません。

普段、使っている手帳のカレンダーに、ちょっとメモを取るくらいでもよいでしょう。

だれかに見せるわけでもありませんので、殴り書きでもよく、きれいに清書する必要もありません。


ヒマなときにはメモ帳を開いて、「あぁ、私には毎日こんなにたくさんの幸せなことが起きているんだな」と気づくと、「私はなんと果報者なのだろう」という嬉しさがこみあげてくるものです。そういう**嬉しさを感じるようになると、身体の免疫機能も活性化します**ので、それだけ長生きもできます。

「日記なんて面倒くさい」などと言わず、ぜひ幸せなことをどこかに書き留めておいてください。時間もそんなにかかりませんし、労力もかからずに大きなメリットを享受できることでしょう。

スマート・ホームを導入してみる

最近のテクノロジーの進歩は、驚くほどです。

10年前には考えられなかった夢のような商品もたくさん出てきています。

テレビを声で操作したり、外出先からリビングのエアコンをつけたり、お風呂を沸かしたりと、とても便利なテクノロジーがたくさんあるのです。遠く離れて暮らしている家族とやりとりをしたり、防犯セキュリティを強化してくれたりもできます。

最近のテクノロジーを導入した家を「スマート・ホーム」といいます。この場合の「スマート」はスリムという意味ではなく、「賢い」という意味ですが、スマート・ホームを導入すると驚くほど生活の利便性が高くなるのです。

「私はもう年寄りだし、そのうち死んでしまうのだから、最新テクノロジーなんて不必要だ」と感じる人がいるかもしれませんが、せっかく生きているのですから快適な暮らしを心がけましょう。

米国ミズーリ大学のジョージ・デミリスは、65歳以上の男女で、スマート・ホームを導入した人に満足度を聞いてみました。

すると、「遠く離れた子どもともやりとりが増え、孤独感が減った」「家事がラクになった」など、全体として好意的な意見が数多く聞かれました。

「スマート・ホームなんて、自分にはもったいない」と思っている人でも、いざ導入してみると「うわぁ、ずいぶん快適だ！」ということに気づくはず。

お年寄りになると、**辛いことでも我慢して乗り切ろうとするもの**です。

何十年も前のエアコンを、いまだに大切に使いつづけている高齢者も少なくありません。今日の高齢者は、おそらく時代的に、「無駄遣いはするな」という教育を受けてきたからだと思いますが、「ぜいたくは敵だ」とどこかで思っています。

そのような考え方は、日本人としての美徳だとは思いますが、**もう十分に頑張ってきたのですから、少しくらいぜいたくをしても許される**のではないでしょうか。

スマート・ホームを導入すると、生活の質がぐんとアップして、人生の楽しみも増える

と思います。

私は住宅メーカーや家電メーカーの回し者ではありませんが、スマート・ホームにお金をかけるのは決して悪いことではないと思いますよ。そういうところに使うお金は、無駄遣いではなく、**幸せに生きていくための必要経費**のようなものです。

死んでしまったらお金を使うこともできなくなるのですし、生きているうちにスマート・ホームで快適な生活をしておきましょう。

動けるうちは、仕事をする

たとえ定年を迎えても、まだ身体が動くのであればどんな仕事でもかまいませんので、やはり働いたほうがよいと思います。

最近の高齢者は、みな若いですから。60歳でも、70歳でもピンピンしている人はいくらでもおります。そういう人は、まだまだ積極的に働いてください。

自営業者や農家の人たちには、基本的に定年などありません。身体が動くうちは80歳になっても元気に仕事をしています。だからなのでしょうか、相当に健康を維持できているような印象を受けます。

ドイツにあるコンストラクター大学のキャサリン・ボーウェンは、各国から最低1500人ずつを募集し、28か国で調査を行ってみましたが、**65歳以上でも働いている人ほど、働いていない人より幸せに生きている**ことがわかりました。

フランスにあるボルドー大学のキャロル・デュフォイルは、約43万人の定年者についての調査を行い、**働く年数が1年延びるごとに、認知症になるリスクが3・2％減少する**という結果を得ています。働いていると、ボケにくいというメリットもあるのです。

仕事をしていないと、ネガティブな思考が頭に浮かんでしまいます。

「俺は、もう枯れてしまったのだな……」
「そろそろ終活かしら……」
「毎日、何をして過ごせばいいのだろう……」
そういう気持ちになりやすいのです。

その点、仕事をしている人は、自分はまだまだ現役だという気持ちがありますので、精神的に老け込むこともありません。

したがって、働けるうちは、無理のない範囲で働くのがいいと思います。もちろん、若い頃のようにフルタイムで働く必要もないので、1日に数時間とか、週に2、3日でもよいと思います。

働いていれば、それなりにお金ももらえるでしょうから、それを自分の好きなように使うこともできます。お金も稼ぐことができ、しかも精神的に老け込むこともないのですから、こんなによいことはありません。

欧米人にとっては、仕事は過酷なもの、辛いもの、できれば避けたいもの、と受け止められているようですが、日本人は違います。日本人にとって、仕事は基本的に楽しいものなのです。

現在の日本では60歳もしくは65歳が定年という会社も多いと思うのですが、65歳でも、まだまだ若すぎますよ。人生１００年時代なのですから、あと10年くらいは働いてもよいと思います。

最近は、定年を延長しようという方向での論議も進んでいるようですが、それはよいことです。動けるうちは、いつまでも動いていたほうがよいのです。

陽気な音楽を聴く

いつでも不安を抱え、ネガティブなことばかりが頭に浮かんでしまう人は、**陽気な音楽を聴くようにするとよい**ですよ。

アップテンポの陽気な曲を聴いていると、知らぬ間に自分の感情もどんどんポジティブになってくるからです。

クラシックなら、ロッシーニの「ウィリアム・テル序曲（運動会の徒競走でよくかかる曲）」、ショパンの「子犬のワルツ」、ブラームスの「ハンガリー舞曲第5番」などがおすすめでしょうか。**聴いているだけで幸せな気分**になってきます。

悲しい曲はできるだけ避けましょう。なぜなら、**悲しい曲を聴いていると、「老け込んでしまう」ことがわかっているから**です。

ドイツにあるハイデルベルク大学のアン・ダットは、40〜80歳の144名に悲しい曲を聴いてもらってから、実年齢と主観的な年齢を尋ねてみました。

その結果、悲しい曲を聴くと、実年齢よりも主観的な年齢のほうが高くなりました。実際は50歳なのに、「私は65歳くらいに感じる」というわけです。悲しい気分になると、人は老け込んだように感じてしまうのです。

米国ウェイン州立大学のスティーブン・スタックは、米国の49の地区のラジオ局で放送されたカントリー・ミュージックの回数と、自殺率との関連性を調べてみました。

すると、**カントリー・ミュージックがラジオでよくかかるエリアほど、自殺率が高くなる**ことがわかりました。驚きの結果ですね。

私はあまり詳しくないのですが、カントリー・ミュージックには気が滅入ってしまうような曲が多いのでしょうか。

悲しい曲を聴いていると、ネガティブな気持ちにもなりやすくなりますので、できればそういう曲は聴かないようにしたほうがいいのです。

どうせ音楽を聴くのであれば、楽しい曲、愉快な曲、爽快な気分になれる曲がいいですね。ポップスでもクラシックでも自分の好きなジャンルでよいと思いますが、「この曲を聴くと、私はいっぺんにテンションが上がる！」という曲を決めておきましょう。

もし何かイヤなことがあったら、自宅に帰ってから自分のお気に入りの曲を聴くのです。そうすれば、**昼間のイヤな気持ちを全部リセットできます**。

プロスポーツ選手やアスリートは、試合やレース前にイヤホンで音楽を聴いています。自分のお気に入りの曲を聴いて気分を盛り上げているのでしょう。

いったいどんな曲を聴いているのか気になりますが、おそらくはアップテンポの陽気な曲なのではないでしょうか。暗い曲や悲しい曲だと、パフォーマンスも悪くなってしまいそうですからね。

悩みやストレスをすぐに手放すコツ

「私は、○○すると気分がよくなる」というものを見つけましょう。

折り紙でも、落書きでも、友人とのおしゃべりでも、シャワーを浴びることでも、映画を観ることでも何でもかまいません。

気持ちが落ち込んだときに、同じ方法で発散していると、そのうちに**「条件づけ」と呼ばれる現象が起き、自分が決めた「○○をする」と一瞬で気分がよくなる**ようになります。

ネガティブな感情があるたび、私たちは「老けて」しまうこともわかっていますので、「条件づけ」を上手に利用して、悩み事でストレスを感じるたびにリセットしましょう。

米国デューク大学のダナ・コッター＝グルーンは、60〜96歳（平均74・65歳）の43名に、9日間、どれくらいネガティブ感情（怒りなど）を感じるのか、どれくらいストレス（口論など）を感じるのか、またどれくらい身体の痛みを感じるのかの記録をとってもらいました。また、夜には「今日、私は何歳くらいだと感じたか」という記録もとってもらいました。その結果、**ネガティブ感情がない日には、14・93歳も実年齢よりも若く感じ、ストレス（口論）のない日には15・17歳も若く感じ、ヒザや腰の痛みがない日には14・70歳も若く感じられる**ことがわかったのです。

どうも**私たちの主観的な年齢は、ストレスや身体の痛みとも連動している**ようなのです。

ストレスを完全にゼロにするのは無理ですが、さっさと解消することはできます。

私は、何となく気分がのらないときや、ムシャクシャすると、「**手と顔を洗う**」ことにしています。何十年もこのストレス発散法を取り入れているので、すっかり「条件づけ」が起き、今では冷たい水で手と顔を洗うたびに、すぐに気分が上向きになります。

「コーヒーを飲む」「歯みがきをする」「ガムを噛む」など、何でもよいので、自分なりのストレス発散法をいくつか持っておくとよいでしょう。

ストレスをため込まないようにすると、気分も若々しくいられますよ。

お金持ちになる

お金があると、心理的な余裕を持てますし、安心して暮らしていけます。読者のみなさんがまだ現役なのであれば、とにかく仕事に精を出すことをおすすめします。なぜなら、たくさんのお金がもらえるからです。

「金持ち喧嘩せず」という言葉もありますが、人間はある程度のまとまったお金を持っていると、イライラしたり、ストレスを感じたりすることはなくなります。お金があると、心に余裕が出てくるのですね。

貯金のある夫婦は、そんなにガミガミ言い争いをしないものです。夫婦仲も悪くなく、それゆえストレスも感じないですむのです。喧嘩ばかりしている夫婦は、住宅ローンや子どもの教育費など経済的な問題が原因ということも少なくありません。

オランダにあるフローニンゲン大学のナルディ・スティーブリンクは、40〜85歳までの4034名を対象にして、身体的機能の衰えが小さい人の特徴を探ってみました。

すると、**高収入の人ほど長く健康を維持できる**ことがわかったのです。身体機能もそんなに低下しませんので、それだけ長くハッピーでいられることでしょう。

お金がない人は、「老後をどうやって過ごせばいいのだろう……」という不安を感じながら生きていかなくてはなりません。金銭的な不安や心配事を毎日抱えていたら、身体のあちこちに問題が出てきてしまうのも無理ありません。

もう一つ別の研究をご紹介します。

ポルトガルにあるポルト大学のリア・アラウホは、100歳以上の高齢者80名にインタビュー調査をしてみたのですが、**お金のある人ほど、「私はよい歳のとり方をしている」と答えた**そうです。お金があると心理的な余裕が生まれるからですね。

なお、一つだけ注意してほしいのは、たくさんのお金が欲しいからといって、競馬や競輪、パチンコ、スロットなどギャンブルでお金を増やそうとすることはおすすめできません。確実にお金が増える保証はありませんし、ギャンブルはお金を支払ってドキドキ感を味わえるエンターテインメント施設と考えておいたほうがいいでしょう。

株式投資もあまりおすすめしません。投資は投機と違ってギャンブルではないのだという人もいるようですが、やはり大損をして痛い目を見ることのほうが多い印象を受けます。ギャンブルや宝くじで一攫千金《いっかくせんきん》の大当たりを目指そうとしなくとも、普通に、働いていれば、お金を残すことができます。わざわざ危ない橋を渡る必要はありません。

お金持ちになりたいのなら、お金を稼ぐことも大切ですが、「お金を使わない」ことのほうがより重要です。

たとえお給料がどれほど少なくとも、**収入の範囲内で暮らせる生活習慣を身につければ、お金はどんどんたまっていく**ものです。お金持ちになりたいのなら、できるだけお金のかからない生活を心がけましょう。

死にそうな思いをするのも悪くない

不慮の事故に直面することは、だれにとってもイヤなことだろうと思います。

しかし、実際に**不幸な経験をした人に話を聞くと、「むしろ有益だった」と答えることが少なくありません**。そんなに悪いことでもなかったというのです。

米国アリゾナ州立大学のリチャード・キニアーは、「死にかけた経験」をした17名（平均約50歳）についての研究を行っています。17名のうち8名はがん、3名は交通事故、2名はダイビングの事故、2名は心臓移植、1名は腎臓移植、1名は心臓発作です。

彼らに話を聞いてみると、だれもが死にかけたことをポジティブにとらえていました。

たとえば、彼らが口をそろえて言うのは、**「物質的なモノに執着しなくなった」**ということ。高級な自動車に乗りたいとか、大豪邸に住みたいとか、そういう物欲がきれいさっぱりなくなったというのです。「あわや」という経験をすると、**生きているだけで幸せを**

感じられるようになり、物欲が消えるのでしょう。

また死に直面した人たちは、「**人にやさしく**」もなりました。それまでは性格的に怒りっぽかった人でも、死にかけるという経験をきっかけに、家族や友人のありがたみを感じるようになり、やさしい人に生まれ変わることができたのです。

さらに彼らは、「**日常の些事《さじ》を気にしなくなり、楽観的になった**」とも答えました。死ぬほどの経験をすると、細かいことが気にならなくなったのです。死ぬことに比べれば、たいていのことは些事になりますので、心配や悩みを抱かなくなったのです。

歳をとってくると、いろいろと不慮な事故が起きることもあるでしょう。反射神経が鈍くなるので、自動車で事故を起こしてしまうかもしれません。つまずいて転倒することがあるかもしれません。いきなり心筋梗塞を起こすかもしれません。

ですが、かりに死にかけるような事故に巻き込まれても、その後にはポジティブな変化

が起きますので、心配しすぎることはありません。不幸に見舞われたとしても「ありがた
いことだ」と感謝してもよいほどです。
「死」を意識すると、人はやさしくなったり、社会や世間に恩返しをしたくなったりする
など、好ましい変化が起きます。

心理学ではこれを「**スクルージ効果**」と呼んでいます。スクルージというのは、チャー
ルズ・ディケンズの『クリスマス・キャロル』という小説に出てくる主人公の名前。冷酷
で強欲なスクルージでしたが、死に直面するきっかけを通して、やさしい人間へと生まれ
変わっていくという筋書きの小説です。

死を意識するのは、決して悪くありません。

もし不幸な目に遭ったとしても、ポジティブに受け止めてください。

お日さまの光を浴びる

天気がよいときには、できるだけ外に出てみましょう。

太陽の光を浴びるのは、まことに気分がよいものですし、とても晴れやかな気持ちになりますよね。

イランにあるテヘラン大学のナイエラ・コラミンヤは、40名の大うつ病性障害の外来患者を対象に、1500IUのビタミンDを処方し、2週間おきにうつの症状を測定してみたところ、状態が改善されたという報告をしています。

ビタミンDはうつを改善してくれる効果があるのですが、ビタミンDは日光浴をすることで生成されます。

だれでも天気の良い日に外に出ていると、「うわぁ、気持ちがいいなあ」と感じると思うのですが、それは体内で生成されるビタミンDが影響しているのです。

うつ病になると、抗うつ剤を処方されるわけですが、別に抗うつ剤など処方しなくとも、**日光浴をしていれば、自然にうつ状態も軽減する**でしょう。

朝散歩をしながら太陽の光を浴びるのが特におすすめですが、それが難しい場合はベランダに出たり、カーテンを開けて光を取り入れるのもいいでしょう。

世界的なコロナウイルスのパンデミックのときには、政府から「できるだけ外出を控えるように」という通達が出されました。ウイルスに感染しないようにするためにはしかたがないという側面もありましたが、外出を控えることによって、うつに近い状態になる人も増えました。

お日さまの光を浴びないと、私たちは調子が狂ってしまうのです。

お年寄りになると、気分が落ち込んでしまう人も多くなるのですが、その原因の一つは、外出不足かもしれません。

できるだけ外に出て、お日さまの光を浴びるようにしているお年寄りでは、うつ状態になることも少なくなるはずです。

米国セントラル・ミシガン大学のミヤン・アンは、アメリカ人とインド人を対象にして、勤務時間中にどれくらい太陽の光を浴びるのかを聞いてみました。また不安なども聞いてみました。

その結果、**外仕事をしていて、直接的に太陽を浴びる人は、オフィスで仕事をしていて、窓から入ってくる光を間接的に浴びる人に比べて不安が少なく、抑うつになりにくい**こともわかりました。

一日中、部屋の中で仕事や家事をしている人は、お昼休みには外でお弁当を食べたり、休憩時間に外の空気を吸いに外へ出るようにすると、うつになりにくくなるかもしれませんね。

何事も完璧にやろうとしない

掃除でも、仕事でも、何でもそうだと思うのですが、すべてを**完璧にやろうとするとものすごく疲れます**。

何事も**「ほどほどでいいや」の精神**を持ちましょう。

掃除なら、天井から床までピカピカに磨き上げようとするのではなく、見える場所だけサササっと拭いておくくらいにするのです。庭の草むしりをするときには、一本一本の雑草の根っこまで抜こうとするのではなく、目に余るような部分だけ、適当に草むしりをしておくだけでよいのです。

どれくらいいいかげんにやるかは自分の判断でよいのですが、とにかく疲れないように気をつけましょう。

スイスにあるチューリッヒ大学のペトラ・ワーツは、50名の健康な中年男性に、完璧主義を測定する心理テストを受けてもらってから、だ液を採取させてもらい、コルチゾールの値を調べてストレスレベルを測定してみました。

その結果、**完璧主義であればあるほど、ストレスを感じやすい**ことがわかったのです。完璧にやろうとすると、ストレスがたまるのです。

当たり前のお話ですが、完璧にやろうとすると、手抜きができません。全神経を集中させてピリピリしていなければなりません。これは、ものすごく疲れます。

したがって、何事も半分くらいできれば、「それでよし」という自分なりのルールを決めておくのです。

自分に厳しいルールを課すのをやめましょう。

たまには、ちょっとくらい手抜きをしたってよいではありませんか。そのほうが人間らしいともいえます。

料理を作るときにも、すべてをレシピ通りにやろうとするのではなく、少しくらい雑でいいのです。お風呂掃除も、浴槽をピカピカにする必要はありません。表面を軽く拭いておくだけでも、やらないよりはずっとマシです。

洗濯物を畳むときにも、適当に畳むようにするのです。読書をするときには、きちんと最初から最後まで精読するのではなく、適当に流し読みでもOKです。

いいかげんにやるのは、まことに気分がいいものですよ。

おかしなプレッシャーも感じませんし、神経がピリピリすることもなく、のびのびと暮らすのがポイントです。

生活のリズムを変えない

日常の生活習慣というものは、なるべく一緒でなければなりません。

ご飯を食べる時間が曜日によって変わったり、起床時間と就寝時間が、日によってまちまちだったりすると、身体的にも心理的にもよくありません。

できるだけ、決まった生活習慣を変えないことです。


モロッコにあるカサブランカ大学のナディア・カドリは、イスラム教を信仰している20名の躁うつ病患者の調査をしています。

患者の多くは、リチウム剤による治療で改善していたのですが、ラマダンの月（イスラム教での断食の月）になると、45％にあたる患者の症状がひどくなることがわかりました。

ラマダンの月には、生活のリズムが崩れます。

宗教的な儀式ですので、やむを得ない点もありますが、**生活のリズムが変わると、心身**

の調子もおかしくなるのです。

できるだけ生活のリズムを変えないように気をつけましょう。

これは若い読者に向けてのアドバイスになりますが、週末だからといって、夜更《よふ》かしをしてはいけません。なぜなら生活のリズムが崩れると、翌週に苦しい思いをするからです。

オーストラリアにあるアデレード大学のアマンダー・タイラーは、16名の実験参加者を2つのグループにわけ、週末にも平日と同じ時間に眠ってもらう条件と、3時間の夜更かしをしてもらう条件の比較をしてみました。すると、夜更かしする条件では、翌週の月曜に眠くなったり、疲労も感じやすくなったりすることがわかったのです。

「週末だから、ハメをはずそう！」などとすると、体調が元に戻るのに時間がかかります。したがって、週末だろうが、祭日だろうが、普通の生活リズムを変えないようにしたほうがよいのです。

毎日、同じ時間に起きて、同じ時間に寝るようにすると、不眠になることもありません。決まった時間になると、私たちの身体はちゃんと「お休みモード」になってくれるので、寝つきもよくなるのです。

近代哲学の祖とも称されるドイツの哲学者のカントは、毎日、決まった生活習慣を絶対に崩しませんでした。食事は一日一回で、散歩の時間も同じ。散歩に出かける時間があまりに規則正しかったので、街の人たちはカントが散歩するのに合わせて自宅の時計の針を直したともいわれています。

規則正しい生活をしていたからでしょうか、カントは79歳と当時としては長寿をまっとうできたのです。

「決まりきった生活なんてつまらない」

「変化のない毎日なんて退屈」

そう思う人がいるかもしれませんが、本当は何事もなく、**ごくありきたりな生活を送ったほうが、実のところ心身の健康にはとてもよい**ことも覚えておきましょう。

田舎で暮らす

田舎に移住するのもいいですね。

都会のほうがいろいろな娯楽施設もあって魅力的ではありますが、田舎には田舎なりのよさがあります。

田舎の最大のメリットは**空気がおいしい**こと。

田舎は、自然が豊かで自動車もそれほど走っていませんし、工場も乱立しているわけではないので、空気がきれいです。大気汚染がないことは、人間の心理にも好ましい影響を及ぼします。

英国サセックス大学のジョージ・マッケロンは、約400名のロンドン市民の居住地の大気汚染の度合いを測定する一方で、人生満足度も尋ねてみました。

すると大気汚染の指標である年間の平均二酸化窒素の濃度が、10μg／㎥（μg：マイクログラム）増えるたびに、人生満足度が11段階の尺度で、0・5ずつ減ることがわかりました。**大気汚染がひどくなるほど、私たちは自分の人生に喜びなどを感じにくくなってしまう**という結果です。空気のおいしさは、気づかないうちに私たちの心理状態をポジティブなものに変えてくれるのです。

都市部で生活をしていると、普段、吸っている空気のことなど気にも留めていないのではないかと思います。目には見えないので、**意識して空気を吸ったり吐いたりしないと、呼吸は、いつの間に小さく浅くなってしまいます**。

もし「都会暮らしに疲れた」と感じたなら、田舎への移住を検討してみてはいかがでしょうか。多少の不便さに目をつぶると、そんなに悪いものではありませんよ。

生活や仕事環境で、田舎暮らしは難しいという方は、自然豊かな郊外へ引っ越ししてみたり、休みの日に田舎へ旅行に出かけてみてはいかがでしょうか。

空気がおいしい場所に身をおくと、自然と呼吸も深くなり、心がリフレッシュされて幸福度も高まりますよ。

適度な晩酌を楽しむ

「酒は百薬の長」という言葉がありますが、お酒を飲むと本当に健康になれるようです。体質的にお酒がまったく飲めないというのであればしかたがありませんが、もし飲めるのであれば、ほどほどにお酒を飲むのもよいでしょう。

英国ロイヤル・デボン・アンド・エクセター病院のライン・ラングは、50歳以上の6005名について、毎日の飲酒量を聞いてみました。その飲酒量によって、お酒をたくさん飲む人、ほどほどに飲む人、ほとんど飲まない人の3つのグループにわけました（**図9**）。

ほとんど飲まない人の毎日の飲酒量は、アルコール14g以下の人たち。アルコール度数5％の缶ビール（350㎖）のアルコール量が14gです。つまり毎日の晩酌がビール1缶以下のグループが、ほとんど飲まない人です。

ほどほどに飲む人は、飲酒量がアルコール14〜28g。だいたいビール2缶ですね。たく

【図9】お酒は、うつに効果的なのか？

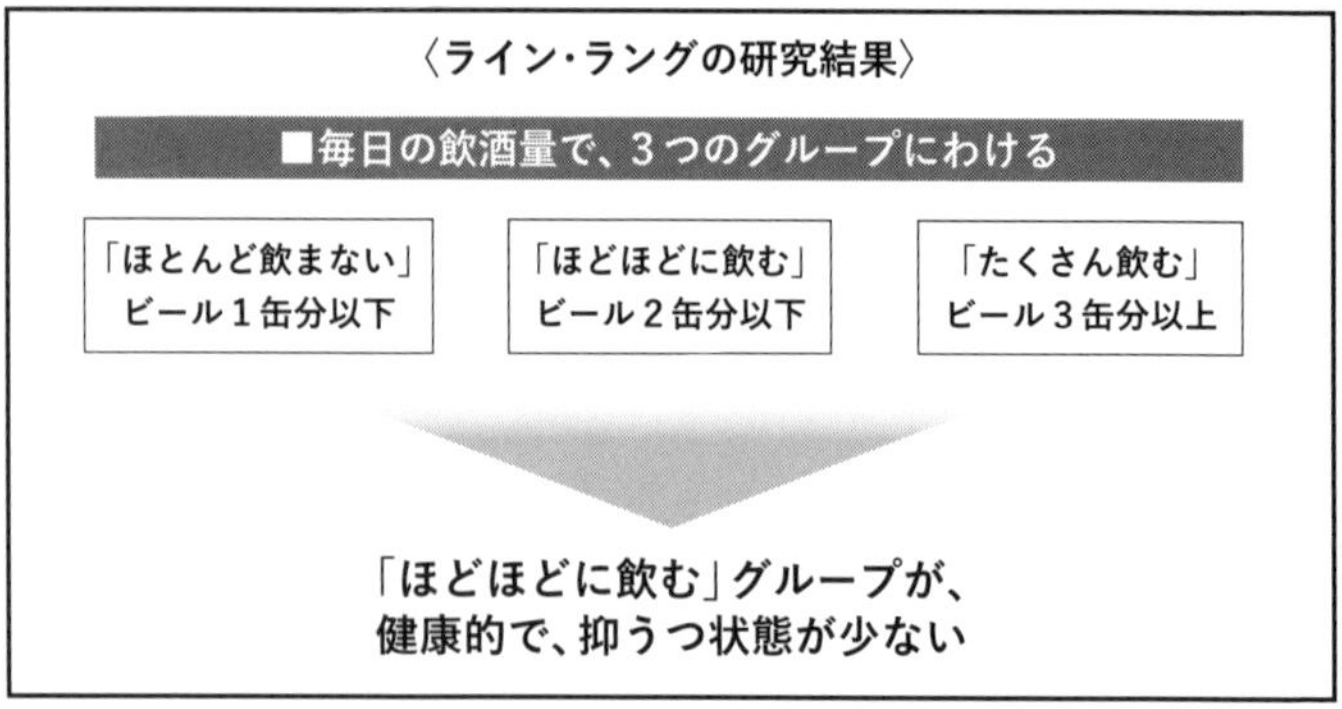

さん飲む人は、28g以上ということにしました。ビール3缶以上です。

その結果、**ほどほどに晩酌をしている人ほど、身体的に健康で、抑うつも少ない**ことがわかったのです。だいたい晩酌でビール2缶を飲む程度の人が、もっとも好ましい結果になるといえるでしょうか。

なお、お酒を飲むときには、「これで悩みが消えるぞ」といった自己暗示をかけるようにするとさらによいかもしれません。

米国コネチカット大学のクリスタル・パークは、**お酒を飲むと、「悩みが消える」「自信がつく」「内気にならない」と信じている人ほど、お酒を飲むと自分が信じている通りの効用を感じられるようになる**ことを確認しています。

おそらくは**プラシボ効果**なのでしょうけれども、どうせお酒を飲むのなら、好ましい効果があると信じて飲んだほうがいいですね。

お酒にはストレス発散の効果があると思って飲んだほうが、お酒は身体によくないと思いながら飲むよりも、プラスの恩恵を受けることができます。「これで私は100歳まで生きられる」と思いながら晩酌をすれば、気持ちよく酔うことができるでしょう。

もちろん、**飲みすぎは禁物**です。

また、毎日飲むのではなくて、休肝日も作りましょう。

お酒はさまざまな効能をもたらしてくれますが、それはあくまでもほどほどに飲んだときのことであることを忘れずに。

あとがき

老後に不安を抱えている人は少なくありません。

調査にもよりますが、7~9割くらいの人が、「**老後が不安**」**と感じている**ようです。

しかし、本書をここまでお読みくださったみなさんならおわかりだと思いますが、**歳をとっても幸せに生きていくことはいくらでも可能**です。愉快に楽しい老後を送ることは、そんなに難しいことでもありません。

本書では、サクセスフル・エイジングのための心理テクニックをたくさん紹介してきましたので、「これなら、私にもできそうだ」というものがありましたら、一つでも、二つでも、ぜひご自身で試してみてください。本当に幸せになれますよ。

なお、本書で紹介してきた心理テクニックは、若い人も使うことができます。

ネガティブ思考ばかりしてしまう人や、気落ちしやすい人にも、本書のテクニックは有効ですので、お年寄りになるのを待たなくとも、試してみてください。若いうちから楽観的に考えるクセをつけておけば、**歳をとっても明るく考えることができる**でしょう。

心理学にも、さまざまな分野がありますが、本書で取り上げた内容は、一般に「**ポジティブ心理学**」や「**老年心理学**」と呼ばれます。さらに知識を得たいという気持ちになったら、「ポジティブ心理学」や「老年心理学」の本もお読みください。**素敵な老後を送るヒントがたくさん見つかる**と思いますよ。

さて、本書の執筆にあたってはワニブックス書籍編集部の川本悟史さんにお世話になりました。この場を借りてお礼を申し上げます。

また、最後までお読みいただいた読者のみなさまにもお礼を申し上げます。ありがとうございました。

老後に不安を感じる人は多いと思うのですが、そんなにビクビクすることはありません。歳をとったらだれもが不幸になるのかというと、まったくそんなことはありませんので、不必要に怯えることなく、楽しく生きていきましょう。

それでは、またどこかでお目にかかれることを願いながら筆をおきます。

内藤誼人

参考文献

Ahn, H. & Horgas, A. 2013 The relationship between pain and disruptive behaviors in nursing home resident with dementia. BMC Geriatrics, 13, 1-7.

An, M., Colarelli, S. M., O' Brien, K., & Boyajian, M. E. 2016 Why we need more nature at work: Effects of natural elements and sunlight on employee mental health and work attitudes. PLOS ONE ,11, e0155614.

Araújo, L., Ribeiro, O., Teixeira, L., & Paúl, C. 2016 Predicting successful aging at one hundred years of age. Research on Aging ,38, 689-709.

Bak, T. H., Nissan, J. J., Allerhand, M. M., & Deary, I. J. 2014 Does bilingualism influence cognitive aging? Annals of Neurology ,75, 959-963.

Baltes, M. M. & Lang, F. R. 1997 Everyday functioning and successful aging: The impact of resources. Psychology and Aging ,12, 433-443.

Beaumont, J. G. & Kenealy, P. M. 2004 Quality of life perceptions and social comparisons in healthy old age. Ageing & Society ,24, 755-769.

Bialystok, E. 2011 Reshaping the mind: The benefits of bilingualism. Canadian Journal of Experimental Psychology ,65, 229-235.

Blake, A. J., Morgan, K., Brendall, M. J., Dallosso, H., Ebrahim, S. B., Arie, T. H., Fentem, P. H., & Bassey, E. J. 1988 Falls by elderly people at home: Prevalence and associated factors. Age and Ageing ,17, 365-372.

Bowen, C. E. & Skirbekk, V. 2013 National stereotypes of older people' s competence are related to older adults' participation in paid and volunteer work. Journal of Gerontology, Series B: Psychological Sciences and Social Sciences ,68,974-983.

Brown, M. A. 2011 Learning from service: The effect of helping on helpers' social dominance orientation. Journal of Applied Social Psychology ,41, 850-871.

Burgio, L., Scilley, K., Hardin, J. M., Hsu, C., & Yancey, J. 1996 Environmental "White Noise" : An intervention for verbally agitated nursing home residents. Journal of Gerontology: Psychological Sciences ,51B, 364-373.

Carstensen, L. L., Pasupathi, M., Mayr, U., & Nesselroade, J. R. 2000 Emotional experience in everyday life across the adult life span. Journal of Personality and Social Psychology ,79, 644-655.

Carstensen, L. L., Turan, B., Scheibe, S., Ram, N., Ersner-Hershfield, H., Samanez-Larkin, G. R., Brooks, K. P., & Nesselroade, J. R. 2011 Emotional experience improves with age: Evidence based on over 10 years of experience sampling. Psychology and Aging ,26, 21-33.

Crum, A. J., & Langer, E. J. 2007 Mind-set matters: Exercise and the placebo effect. Psychological Science ,18, 165-171.

Demiris, G., Rantz, M. J., Aud, M. A., Marek, K. D., Tyrer, H. W., Skubic, M., & Hussam, A. A. 2004 Older adults' attitudes towards and perceptions of 'Smart home' technologies: A pilot study. Medical Informatics and the Internet in Medicine ,29, 87-94.

Desmette, D. & Gailard, M. 2008 When a "worker" becomes an "older worker". The effects of age-related social identity on attitudes towards retirement and work. Career Development International ,13, 168-185.

Dufouil, C., Pereira, E., Chêne, G., Glymour, M. M., Alpérovitch, A., Saubusse, E., Risse-Fleury, M., & Heuls, B. 2014 Older age at retirement is associated with decreased risk of dementia. European Journal of Epidemiology ,29, 253-261.

Dutt, A. J. & Wahl, H.W. 2017 Feeling sad makes us feel older: Effects of a sad-mood induction on subjective age. Psychology and Aging ,32, 412-418.

Erickson, K. I., et al. 2021 Exercise training increases size of hippocampus and improves memory. Proceedings of the National Academy of Sciences ,108, 3017-3022.

Epley, N. & Schroeder, J. 2014 Mistakenly seeking solitude. Journal of Experimental Psychology: General, 143, 1980-1999.

Freeman, G. K., Horder, J. P., Howie, J. G. R., Hungin, A. P., Hill, A. P., Shah, N. C., & Wilson, A. 2002 Evolving general practice consultation in Britain: Issues of length and context. British Medical Journal ,324, 880-882.

Friedmann, E., Katcher, A. H., Lynch, J. J., & Thomas, S. A. 1980 Animal companions and one-year survival of patients after discharge from a coronary care unit. Public Health Reports ,95, 307-312.

Fung, H. H., Carstensen, L. L., & Lutz, A. M. 1999 Influence of time on social preferences: Implications for life-span development. Psychology and Aging ,14, 595-604.

Gollwitzer, P. M., Sheeran, P., Trötshel, R., & Webb, T. L. 2011 Self-regulation of priming effects on behavior. Psychological Science ,22, 901-907.

Gross, J. J., Carstensen, L. L., Tsai, J., Skorpen, C. G., & Hsu, A. Y. C. 1997 Emotion and aging: Experience, expression, and control. Psychology and Aging ,12, 590-599.

Gunn, D. A., Larsen, L. A., Lall, J. S., Rexbye, H., & Christensen, K. 2016 Mortality is written on the face. Journal of Gerontology, Series A: Biological Sciences and Medical Sciences ,71, 72-77.

Hackett, R. A., Davies-Kershaw, H., Cadar, D., Orrell, M., & Steptoe, A. 2018 Walking speed, cognitive function, and dementia risk in the English longitudinal study of ageing. Journal of the American Geriatrics Society ,66,1670-1675.

Halpern, J., Cohen, M., Kennedy, G., Reece, J., Cahan, K., & Baharav, A. 2014 Yoga for improving sleep quality and quality of life for older adults. Alternative Therapies in Health and Medicine ,20, 37-46.

Hausdorff, J. M., Levy, B. R., & Wei, J. Y. 1999 The power of ageism on physical function of older persons: Reversibility of age-related gait changes. Journal of the American Geriatrics Society ,47, 1346-1349.

Henkens, K. 2005 Stereotyping older workers and retirement: The managers' point of view. Canadian Journal on Aging/La Revue Canadienne du viellissement ,24, 353-366.

Hultsch, D. F., Hertzog, C., Small, B. J., & Dixon, R. A. 1999 Use it or lose it: Engaged lifestyle as a buffer of cognitive decline in aging? Psychology and Aging ,14, 245-263.

James, L. E., Burke, D. M., Austin, A., & Hulme, E. 1998 Production and perception of "Verbosity" in younger and older adults. Psychology and Aging ,13, 355-367.
Kadri, N., Mouchtaq, M., Hakkou, F., & Moussaoui, D. 2000 Relapses in bipolar patients: Changes in social rhythm? International Journal of Neuropsychopharmacology ,3, 45-49.
Khoraminya, N., Tehrani-Doost, M., Jazzayeri, S., Hosseini, A., & Djazayery, A. 2013 Therapeutic effects of vitamin D as adjunctive therapy to fluoxetine in patients with major depressive disorder. Australian & New Zealand Journal of Psychiatry, 47, 271-75.
Kinnier, R. T., Tribbensee, N. E., Rose, C. A., & Vaughan, S. M. 2001 In the final analysis: More wisdom from people who have faced death. Journal of Counseling and Development ,79, 171-177.
Knight, B. G., Gatz, M., & Bengtson, V. L. 2000 Age and emotional response to the Northridge earthquake: A longitudinal analysis. Psychology and Aging ,15, 627-634.
Kotter-Grühn, D., Kleinspehn-Ammerlahn, A.,Gerstorf, D., & Smith ,J. 2009 Self-perceptions of aging predict mortality and change with approaching death: 16-year longitudinal results from the Berlin aging study. Psychology and Aging ,24, 654-667.
Kotter-Grühn, D., Neupert, S. D., & Stephan, Y. 2015 Feeling old today? Daily Health, Stressors, and affect explain day-to-day variability in subjective age. Psychology and Health ,30, 1470-1485.
Kowalski, R. M., & McCord, A. 2020 If I knew then what I know now: Advice to my younger self. Journal of Social Psychology ,160, 1-20.
Krause, N. 2003 Religious meaning and subjective well-being in late life. Journal of Gerontology: Social Sciences ,58B, S160-S170.
Kubzansky, L. D., Kasachi, I., Spiro, A. Ⅲ ., Weiss, S. T., Vokonas, P. S., & Sparrow, D. 1997 Is worrying bad for your heart? A prospective study of worry and coronary heart disease in the normative aging study. Circulation ,95, 818-824.
Kühn, S., Gleich, T., Lorenz, R. C., Lindenberger, U., & Gallinat, J. 2014 Playing Super Mario induces structural brain plasticity: Gray matter changes resulting from training with a commercial video game. Molecular Psychiatry ,19, 265-271.
Lang, I., Wallace, R. B., Huppert, F. A., & Melzer, D. 2007 Moderate alcohol consumption in older adults is associated with better cognition and well-being than abstinence. Age and Ageing ,36, 256-261.
Langer, E. J. 2009 Counterclockwise:Mindful health and the power of possibility. New York:Ballantine.
Lester, D., Iliceto, P., Pompili, M., & Girardi, P. 2011 Depression and suicidality in obese patients. Psychological Reports ,108, 367-368.
Levy, B. R., Ferrucci, L., Zonderman, A. B., Slade, M. D., Troncoso, J., & Resnick, S. M. 2016 A culture-brain link: Negative age stereotypes predict Alzheimer' s disease biomarkers. Psychology and Aging ,31, 82-88.
Levy, B. R., Slade, M. D., Kunkel, S. R., & Kasl, S. V. 2002 Longevity increased by positive self-perceptions of aging. Journal of Personality and Social Psychology ,83, 261-

270.
Levy, B. R., Slade, M. D., Pietrzak, R. H., & Ferrucci, L. 2018 Positive age beliefs protect against dementia even among elders with high-risk gene. PLOS ONE ,13, e0191004.
Liang, J., Krause, N. M., & Bennett, J. M. 2001 Social exchange and well-being: Is giving better than receiving? Psychology and Aging ,16, 511-523.
Lytle, A. & Levy, S. R. 2019 Reducing ageism: Education about aging and extended contact with older adults. The Gerontologist ,59, 580-588.
Mackerron, G. & Mourato, S. 2009 Life satisfaction and air quality in London. Ecological Economics ,68, 1441-1453.
Mahne, K. & Huxhold, O. 2015 Grandparenthood and subjective well-being: Moderating effects of educational level. The Journal of Gerontology:Series B ,70, 782-792.
Manning, L. K., Carr, D. C., & Kail, B. L. 2016 Do higher levels of resilience buffer the deleterious impact of chronic illness on disability in later life? The Gerontologist ,56, 514-524.
Mather, M., Canli, T., English, T., Whitfield, S., Wais, P., Ochsner, K., Gabrieli, J. D. E., & Carstensen, L. L. 2004 Amygdala responses to emotionally valenced stimuli in older and younger adults. Psychological Science ,15, 259-263.
Maxson, P. J., Berg, S., & McClearn, G. 1996 Multidimensional patterns of aging in 70-year-olds: Survival differences. Journal of Aging and Health ,8, 320-333.
Mikels, J. A. & Shuster, M. M. 2016 The interpretative lenses of older adults are not rose-colored – Just less dark: Aging and the interpretation of ambiguous scenarios. Emotion ,16, 94-100.
Montross, L. P., Depp, C., Daly, J., Reichstadt, J., Golshan, S., Moore, D., Sitzer, D., & Jeste, D. V. 2006 Correlates of self-rated successful aging among community-dwelling older adults. American Journal of Geriatric Psychiatry ,14, 43-51.
Morris, M. C., Evans, D. A., Tangney, M., Bienias, J. L., & Wilson, R. S. 2006 Fish consumption and cognitive decline with age in a large community study. Archives of Neurology ,62, 1849-1853.
Ng, R., Allore, H. G., Trentalange, M., Monin, J. K., & Levy, B. R. 2015 Increasing negativity of age stereotypes across 200 years: Evidence from a database of 400 million words. PLOS ONE ,10, e0117086.
Pan, A., Sun, Q., Czernichow, S., Kivimaki, M., Okereke, O., Lucas, M., Manson, J. E., Asherio, A., & Hu, F. B. 2012 Bidirectional association between depression and obesity in middle-aged and older women. International Journal of Obesity ,36, 595-602.
Park, C. L. & Levenson, M. R. 2002 Drinking to cope among college students: Prevalence, problems and coping processes. Journal of Studies on Alcohol ,63, 486-497.
Payette, H., Gueye, N. R., Gaudreau, P., Morais, J. A., Shatenstein, B., Gray-Donald, K. 2011 Trajectories of physical function decline and psychological functioning: The Quebec longitudinal study on nutrition and successful aging(NuAge). The Journal of Gerontology, Series B: Psychological Sciences and Social Sciences ,66, i82-i90.

Phillips, D. P., Liu, G. C., Kwok, K., Jarvinen, J. R., Zhang, W., & Abramson, I. S. 2001 The hound of the Baskervilles effect: Natural experiment on the influence of psychological stress on timing of death. British Medical Journal ,323, 1443-1446.
Pillai, J. A., Hall, C. B., Dickson, D. W., Buschke, H., Lipton, R. B., & Verghese, J. 2011 Association of crossword puzzle participation with memory decline in persons who develop dementia. Journal of the International Neuropsychological Society ,17, 1006-1013.
Polidori,, M. C., et al. 2009 High fruit and vegetable intake is positively correlated with antioxidant status and cognitive performance in healthy subjects. Journal of Alzheimer' s Disease ,17, 921-927.
Reichstadt, J., Sengupta, G., Depp, C. A., Palinkas, L. A., & Jeste, D. V. 2010 Older adults' perspectives on successful aging: Qualitative interviews. The American Journal of Geriatric Psychiatry ,18, 567-575.
Riffin, C., Löckenhoff, C. E., Pillemer, K., Friedman, B., & Costa, P. T. Jr. 2013 Care recipient agreeableness is associated with caregiver subjective physical health status. Journal of Gerontology, Series B: Psychological Sciences and Social Sciences ,68, 927-930.
Rodin, J., & Langer, E. J. 1977 Long-term effects of a control-relevant intervention with the institutionalized aged. Journal of Personality and Social Psychology ,35, 397-402.
Sánchez-Villegas, A., Martinez-González, M. A., Estruch, R., Salas-Salvado, J., Corella, D., Covas, M. I., Arós, F., Romaguera,D., Gómez-Gracia, E., Lapetra, J., Pintó, X., Martinez, A., Lamuela-Raventós, R. M., Ros, E., Gea, A., Wärnberg, J., & Serra-Majem, L. 2013 Mediterranean dietary pattern and depression: The PREDIMED randomized trial. BMC Medicine ,11:8 doi.org/10.1186/1741-7015-11-208.
Schulz, R., Bookwala, J., Knapp, J. E., Scheier, M., & Williamson, G. M. 1996 Pessimism, age, and cancer mortality. Psychology and Aging ,111, 304-309.
Stack, S., & Gundlach, J. 1992 The effect of country music on suicide. Social Forces, 71, 211-218.
Stephan, Y., Chalabaev, A., Kotter-Grühn, D., & Jaconelli, A. 2013 "Feeling younger, being stronger" : An experimental study of subjective age and physical functioning among older adults. The Journals of Gerontology, Series B: Psychological Sciences and Social Sciences ,68, 1-7.
Steverink N., Westerhof, G. J., Bode, C., & Dittmann-Kohli, F. 2001 The personal experience of aging individual resources, and subjective well-being. Journal of Gerontology: Psychological Sciences ,56B, p364-p373.
Strawbridge, W. J., Wallhagen, M. I., & Cohen, R. D. 2002 Successful aging and well-being: Self-rated compared with Rowe and Kahn. 2002 The Gerontologist ,42, 727-733.
Taylor, A., Wright, H. R., & Lack, L. 2008 Sleeping-in on the weekend delays circadian phase and increases sleepiness the following week. Sleep and Biological Rhythms, 6, 172-179.
Tennant, C. & McLean, L. 2001 The impact of emotions on coronary heart disease risk.

Journal of Cardiovascular Risk, 8, 175-183.

Thompson, T., Mason, B., & Montgomery, I. 1999 Worry and defensive pessimism: A test of two intervention strategies. Behavior Change ,16, 246-258.

Tsai, J. L., Levenson, R. W., & Carstensen, L. L. 2000 Autonomic, subjective, and expressive responses to emotional films in older and younger Chinese Americans and European Americans. Psychology and Aging ,15, 684-693.

Uotinen, V., Rantanen, T., & Suutama, T. 2005 Perceived age as a predictor of old age mortality: A 13-year prospective study. Age and Ageing ,34, 368-372.

Van Cappellen, P., Toth-Gauthier, M., Saroglou, V., & Fredrickson, B. L. 2016 Religion and well-being: The mediating role of positive emotions. Journal of Happiness Studies ,17, 485-505.

Von Faber, M., Bootsma-van der Wiel,A., van Exel, E., Gussekloo, J., Lagaay, A. M., van Dongen, E., Knook, D. L., van der Geest, S., & Westendorp, R. G. J. 2001 Successful aging in the oldest old. Archives of Internal Medicine ,161,2694-2700.

Wandke, H., Sengpiel, M., & Sönksen. 2012 Myths about older people' s use of information and communication technology. Gerontology ,58, 564-570.

Wang, C., Bannuru, R., Ramel, J., Kupelnick, B., Scott, T., & Schmid, C. H. 2010 Tai chi on psychological well-being: Systematic review and meta-analysis. BMC Complementary and Alternative Medicine ,10, biomedcentral.com/1472-6882/10/23.

Wilson, R. S., Bienias, J. L., Mendes de Leon, C. F., Evans, D. A., & Bennett, D. A. 2003 Negative affect and mortality in older persons. American Journal of Epidemiology ,158, 827-835.

Wilson, R. S., Mendes de Leon, C. F., Barnes, L. L., Schneider, J. A., Bienias, J. L., Evans, D. A., & Bennett, D. A. 2002 Participation in cognitively stimulating activities and risk of incident Alzheimer disease. Journal of the American Medical Association ,287, 742-748.

Windsor, T. D., Anstey, K. J., Butterworth, P., Luszcz, M. A., & Andrews, G. R. 2007 The role of perceived control in explaining depressive symptoms associated with driving cessation in a longitudinal study. The Gerontologist ,47, 215-223.

Wirtz, P. H., Elsenbrauch, S., Emini, L., Rüdisüli, K., Groessbauer, S., & Ehlert, U. 2007 Perfectionism and the cortisol response to psychosocial stress in men. Psychosomatic Medicine ,69, 249-255.

Wrosch, C., Miller, G. E., Scheier, M. F., & de Pontet, S. B. 2007 Giving up on unattainable goals: Benefits for health? Personality and Social Psychology Bulletin ,33, 251-265.

内藤誼人（ないとう・よしひと）
心理学者、立正大学客員教授、有限会社アンギルド代表取締役社長。慶應義塾大学社会学研究科博士課程修了。社会心理学の知見をベースに、ビジネスを中心とした実践的分野への応用に力を注ぐ心理学系アクティビスト。
主な著書に、『気にしない習慣 よけいな気疲れが消えていく61のヒント』（明日香出版社）、『世界最先端の研究が教える新事実 心理学BEST100』（総合法令出版）、『リーダーのための『孫子の兵法』超入門』（水王舎）など。その数は200冊を超える。

老《お》いを楽《たの》しむ心理学《しんりがく》

2024年3月10日　初版発行

著者　内藤誼人

編集協力　仁科貴史
装丁　金井久幸（TwoThree）
イラスト　kinako
校正　大熊真一
編集　川本悟史（ワニブックス）

発行者　横内正昭
編集人　岩尾雅彦
発行所　株式会社ワニブックス
〒150-8482 東京都渋谷区恵比寿4-4-9 えびす大黒ビル

印刷所　株式会社 光邦
DTP　アクアスピリット
製本所　ナショナル製本

定価はカバーに表示してあります。
落丁本・乱丁本は小社管理部宛にお送りください。送料は小社負担にてお取替えいたします。ただし、古書店等で購入したものに関してはお取替えできません。本書の一部、または全部を無断で複写・複製・転載・公衆送信することは法律で認められた範囲を除いて禁じられています。

ワニブックスHP　http://www.wani.co.jp/
お問い合わせはメールで受け付けています。HPより「お問い合わせ」へお進みください。
※内容によりましてはお答えできない場合がございます

©内藤誼人　2024
ISBN 978-4-8470-7411-0